AF389799

LA FL'EVR DES CHANSONS NOVVELLES.

Traittans partie de l'amour, partie de la guerre, selon les occurrences du temps present.

Composee sur chants modernes fort recreatifs.

A LYON,

Par Benoist Rigaud.

1586.

CHANSON NOVVEL-

LE DE LA RESIOVISSAN-

ce des François, sur l'heureux aduenement
de la paix. Sur le chant Vueille mon Dieu
par ta grace, &c.

Dieu fais que nostre France
Puisse viure desormais
Auec humble obeissance
Soubs l'heureux don de ta paix,
Fais que la guerre
Plus en la terre
Ne nous face d'ennuis:
Mais la grand ioye
Partout on voye
Reclamer iours & nuicts.

   Fais que nostre Roy puisse estre
Amateur des sainctes loix,
Et qu'il puisse comme maistre
Regir son peuple François,

A 2   Fai

Faifant iuftice
En temps propice
Aux bons & vicieux:
Et que fa vie
En fin rauie
Puiffe voller aux cieux.
     Fais que tant qu'il fera homme
Puiffe toufiours maintenir
En amitié fon Royaume,
Et de guerre l'abftenir:
Que feux de ioye
Pluftoft on voye
Par tous les carrefours,
Que voir gensdarmes
Marcher en armes
Au fon de leurs tabours.
     Que les chemins puiffent eftre
Abandonnez des mefchans,
Pour en feureté fe mettre
Tous voyageurs & marchans:
Qu'en fa befongne
Nul ne s'eftongne
De loüer Dieu toufiours,

Qu

Qu'il nous maintienne
Et entretienne
En sa paix nuict & iours.
   C,est celuy la qui nous donne
La pluye en temps & saison:
C'est luy aussi qui foisonne
Les biens en nostre maison,
Iamais ne laisse
Ceux qui sans cesse
Le seruent loyaument,
Obeissance
Et reuerence
Luy plaisent grandement.
   Puis donc qu'il veut & commande
De luy estre obeissant,
Qu'vn chacun les bras luy tende
Pour estre aussi iouyssant
De la concor de
Qu'il nous accorde
En paix & vnion,
Qui met la France
Hors de souffran ce
Et de dissention.

Pour fin prions qu'il luy plaiſe
Entendre nos triſtes voix.
Et que ſa fureur s'appaiſe
Enuers nous pauures François.
Et qui nous donne
Volonté bonne
De l'aymer loyaument,
Pour auoir place
Deuant ſa face
La ſus au firmament.

Chanſon nouuelle, du diſcours de l'ordonnance du Roy, ſur le faict de la Police generalle de ſon Royaume. Sur le chant du ſoldat de Poictiers.

LE noble Roy Henry troiſieſme
Ayant mis paix en ſon pays,
A ſur la Monnoye luy meſme
Reiglement & police mis.
Luy, comme Roy, chef de Iuſtice,
Craignant Dieu, aymant l'equité
A fait generalle police,

Comme il vous sera recité
  Sa Maiesté ne veut permettre
De vendre aux greniers le blé,
Maisplace il y a pour le mettre
Au marché, & là l'estaller.

  En ensuyuant il fait deffence
A tous les maistres boulengers
Des villes & bourgs de la France
De n'en leuer que six septiers.

  En tout temps dedans leur boutique
De trois sortes de pain auront
Bien garnies, c'est leur trafique,
Et condamnez ceux qui faudront.

  Le plus cher vin vendue la pinte
Partout ne sera que deux sols:
Qui le vendra plus cher sans faute
Payera l'amende tout son soul.

  Et aussi du gros bois la voye
Venant par eau en ces cartiers
En flotte, ne veut qu'on en paye
Au plus qu'vn escu & vn tiers.

  Vendues seront menues denrees,
Le cent de costerets trente sols,

Fagots vingtcinq, & bourrees,
Vingt folz, & encores au deſſous.
   Aux charreſtiers pour leur voiture
Allans de Greue à ſainct Benoiſt,
Pour le plus en toute monnoye
Payé ſera huict fols tournois.
   Defences aux bouchers d'aller prendre
A ſept licuës au pres de Paris
Le beſtail, qui ſe doit rendre
Aux marchez ou ſeront punis.
   Trois fols la liure de chandelle
Vendue ſera ſeulement:
Si le chandelier eſt rebelle,
Condamné ſera rudement.
   Aux rotiſſeurs pour l'abillage
D'vne groſſe piece ſans plus
Preſt à larder ſelon l'vſage,
Aura vn douzain & non plus.
   Payé ſera pour la deſpence
D'homme & cheual à l'hoſtellier
Pour le iour ſuyuant l'ordonnance,
Vingt & cinq fols au pris dernier.
   Les tauernes ſeront munies

De

De ce qu'il faut tant pain que vin
De viandes seront fournies.
Comme il appartient à tel train.

　Six blanc on payera sans craindre
Pour le plus grand fer de cheual,
Deux sols le moyen , & le moindre
Dixhuict deniers au mareschal.

　Defences sont faites ciuile
Aux cordonniers de ce pays
De ne partir de ceste ville
Pour aller au deuant des cuirs.

　Quant au poinct du soulier de vache
Ne sera vendu que deux sols,
Que le cordonnier ne s'en fache,
Celuy de veau va au dessous.

　Et quant au fait des draps de soye
Point ie n'en parleray icy,
Plus d'escus y a que monnoye,
Les riches en ont pour moy soucy.

　Deffendu est de s'entremettre
De teincture le faict est tel,
Si de leur art ils ne sont maistre,
Enregistrez au Chastelet.

A　5

Ban

Banquets ne feront, ne deſpence
Les Iurez de chacun meſtier,
En paſſant maiſtres en ceſte France,
Ny d'eux prendre aucun denier.

Tous ſeruiteurs qui auront maiſtre
Les ſeruiront fidellement,
Ou ſe verront par iuſtice eſtre
Punis ſur le champ rudement.

Pour noſtre vſage draps de laine
Seront remis en leur largeur,
D'vne aune & vn quart, ſus peine
De contreuenir au Seigneur.

Chacune perſonne eſt ſubiecte,
Suyuant la fin de ce diſcours,
D'aider à maintenir nette
Les villes de France & fauxbourgs.

Chanſon de Sommiere.

Nous deuons bien mettre en noſtre
memoire
Le ſiege long, qui fut deuant Sommiere:
Le iour, le temps, les aſſauts, les efforts,

Qui

Qui furent faicts tant dedans que dehors
Afin qu'ils soyent toufiours bien memora-
　　bles
A nos enfans,à iamais reuocables.
　　Quand le Soleil eut cõmencé carriere
Vers fon refueil deuers la mariniere
Vn Mercredy onziefme de Feurier,
De bon matin,nous vifmes arriuer
Vn camp ferré de fa cauallerie,
Suiuy de pres de forte infanterie.
　　Incontinent on fit fonner l'alarme:
Subitement court vn chacuñ & s'arme.
Sortons,fortons,allons voir ce qu'ils font,
Et les voyant campez fi pres du pont,
Primes confeil,Il faut que chacun aille
En fon cartier pour fe mettre en bataille.
　　Auátqu'aller nous fifmes tous promeffe,
De ne parler rien que d'vne allegreffe:
Promifmes lors faire noftre deuoir
En tous endroits felon noftre pouuoir:
Mettans en Dieu toute noftre efperance,
Sçachans qu'en luy gift noftre confiance.
　　Le Samedy auec grandes brauades

　　　　　　　　　　　　　Ils

Ils font venus pofer gabionnades
Pres de nos murs: & pour nous eftonner,
De grand matin nous ouyfmes fonner
Huiςt gros canons qui de grande furie
Au pont leuis faifoyent leur batterie.

    Trois iours durant dura cefte mufique,
Qu'il n'y auoit flancs, rampars, ny barique,
Qu'à la parfin on ne vift mettre bas
Si que la brefche auoit plus de cent pas.
De l'affaillir noftre ennemy s'apprefte,
Et nous dedans pour luy bien faire tefte.

    Sus, fus foldats, la brefche eft defia faite,
A ramparer tout le monde s'apprefte,
Le gouuerneur pour accourager tous,
Les exhortant, leur tenoit tels propos:
Dieu eft pour nous, combattós ie vous prie
Pour fon fainςt nom, deffendant noftre vie.

    Lors le Seigneur en voyant leur courage
Les a couuerts ainfi que d'vne targe,
Et tellement qu'il fit cognoiftre à tous
Que la priere appaife fon courroux:
Car qui combat, peut dire la viςtoire
Venir du ciel, comme chofe notoire.

Le

Le mercredy, qui fut le septiesme
De noſtre camp, du mois dixhuitiesme,
Vindrent à nous capitaines armez,
Et de leur camp ſoldats fort eſtimez
Pour nous forcer, en criant, tue, tue:
A ſaccager chacun deux s'eſuertue.

　Ie vis de loing d'vne mine fiere
Tenir en main la picque guerriere,
Apres Caros, Abados & Precas,
La Roche auſſi eſtoit de maintes parts
Bien ramparé dans leur gabionnades,
Et les ſoldats tirans balles ramades.

　Tant de ſoldats, & tant d'infanterie,
Tant deſtendars, tant de caualerie,
Tant de canons foudroyans tous nos murs,
N'aſçeu parquer la Parque dans nos cœurs
Que n'ayons eu touſiours vraye aſſeurance
Qu'à l'ennemy nous ferions reſiſtance:

　Lors les ſoldats voyans leurs capitaines
Tous reſolus à ſouffrir maintes peines,
Ne viſans rien qu'à mourir vaillamment,
Sur les rampars, leur honneur ſouſtenant,
Ont tous iuré par le Dieu de leurs vies,
Qu'il

Qu'ils combatront le Marefchal d'Anuille.
Mais le foldat qui la chanfon a faicte,
Eftoit toufiours defendant à la brefche
Tous les affaux, enfemble les efforts,
Sur les rampars tant dedans que dehors,
Qu'furent faicts au deuant de la villes,
Du mandement du Marefchal d'Anuille.

Chanfon nouuelle de la prinfe de la Charité.
fur le chant, Dames d'honneur ie vous prie,
&c.

O Charité ne dois eftre nommee:
Car perdu as toute ta renommee,
Contre ton Dieu, & ton Roy t'es bandé;
Et comment, tu luy voulois commander.
Quoy, penfois-tu viure en cefte forte,
Faifant venir genfdarmes à ta porte,
Faifant venir artillerie & canon?
Mais auffi bien tu as eu ton guerdon.
Car le Mardy d'Auril le huictefme,
Monfieur ayant enuoyé le iour mefme,
C'eft pour fçauoir leur bonne volonté,

Et

Ets'il vouloyent rendre la Charité.

Eux ont respondu, q̃ l'estois bien gardee,
Et qu'il y vint auecque son armee,
Incontinent Monsieur y est arriué
Et son armee, qui bien les a estonnez.

Voicy arriuer le Conte Martinengue,
Aussi Monsieur luy faisant vne harengue,
Tout quant & quant a fait ses gens armer,
Et de furie vne place ont gaigné.

Monsieur le Conte cõbattoit à puissance,
Et les soldats allans d'vne allegeance,
Ils ont gaigné la cheueline du pont,
Où ils auoyent posé leurs gabions.

Helas ils ont choisi ce noble Conte,
Mesme l'ayant osté de nostre conte,
Et d'vn mousquet droit à luy ont tiré
Droit à l'espaule, dont il est trespassé.

Pour tout cela n'auons perdu coura-
ge:
Car dessus eux auons eu l'auantage,
Mesme est venu le Seigneur de Byron,
Qui dessus eux decharge ses canons.

Il a commencé à saluer la ville,

Et eux entrant en vne peur terrible,
Et le Mardy vingtieſme dudit mois
Ils ſont entrez encor' en grand eſmoy.
   Monſieur de Neuers , auſsi le Duc de
Ils les ont ſaluez d'vne telle furie.   (Guiſe.
Et incontinent ils ſe ſont auancez
Dans la contreſcarpe ils les ont deſchaſſez
   Voyant cela, ils ont perdu courage,
Conſiderant n'auoir pas l'auantage,
Meſmes eſtans battus de tous coſtez,
Ne ſe pouuoyent nullement ramparer.
   Eſtans faiſis d'vne grand peur extreme
Tous les ſoldats, & tous les gētilshommes,
Et eux cherchant les lieux pour ſe cacher,
Meſme à grand peine ne les pouuāt trouuer
   Pres de deux iours dura ceſte muſique,
Et entre nous chacun ſe communique,
Et eux voyans deux arc rompus du pont
D'artillerie & de ſept gros canons.
   Subitemēt gentilshommes s'aſſemblent
Et les ſoldats pour deuiſer enſemble,
Prier Monſieur, qu'il les print à mercy,
Et ne iamais porter armes contre luy.

Ce que à eux monsieur ne le refuse
Que les soldats s'en iront sans arquebuze
Et les gentils hômes auecque leurs cheuaux
Qu'ils s'en iroiét sans leur faire aucūs maux
  A Dieu, à Dieu, Cherité fort rebellé,
Car à ton Prince tu as esté cruelle,
Trois fois y a que rebelle as esté,
C'est àce coup que l'on t'a chastié.

Chanson nouuelle du siege & prinse de la ville
d'Yssoire en Auuergne. Et se chante sur le
chant, L'autre iour ie m'en alloy mon che-
min droict à Noyon, &c.

Dois ie pas crier & plaindre
Non sans grand occasion,
Moy pauure ville d'Yssoire.
Prinse par rebellion
Ie suis destruicte,   Bis.
D'auoir si legerement creu,
Au deceu, à l'imporueu,
  vn ministre.
La fame à este trop grande

B   D

De vouloir contre mon Roy,
Tenir bon & me defendre,
Pour le mettre en defarroy:
Mais la promeffe
De ce bon Prince de Condé,
Qui ne nous à fecondé
M'a fait oppreffe.

Ce noble Seigneur de France
Vray fils & frere de Roy
Nous fomma bien de nous rendre,
Et qu'à mercy nous prendroit:
Mais la furie,
De Chauignac & Montredon,
Attendirent le canon,
Quelle folie.

Il enuoya vne trompette
De matin par deuers nous,
Auec fon Heraut en tefte
Pour parlementer à tous,
Fifmes refponce
Que nous eftions bien affez forts
Pour fes efforts les plus forts,
Et qu'ils enfonce.

Ce nous fut vne crainte grande,
Oyans de toutes pars sonner
Bombardes & canonnades,
Qui nous vindrent saluer:
Mais de nous rendre,   bis
Nous auons esté obstinez,
Estans predestinez
Pour la mort prendre.

  La faute m'est imputee
D'auoir desdaigné mon Roy,
En voyant vne telle armee
Se dresser encontre moy:
Car la puissance   bis
Est donnee du Souuerain
Promptement, & de sa main
Au Roy de France.

  Du mois de Iuin le neufiesme
Nous soustimmes vn assaut,
Poursuiuy de grand furie,
Venans à nous d'vn plein saut:
Mais ceste foudre,   bis
De leurs gros canons foudroyans,
Viuement sur nos gens,

Nous mirent en poudre.
  La tefte fut emportee
Au principal de nos chefs.
Du canon d'vne vollee
Qui nous fift vn grand mefchef,   Bis
Sans y comprendre
Laftant de nos foldats bleffez,
Et offencez,
Prefque à mort prendre.
  Qui fuft la caufe en partie
Que feifme compofition
De nous rendre au Sieur de Guife
Qui nous prendroit à rançon :   Bis
Mais toft rauirent
Par les breches de toutes parts
De Soldats, comme Liepars,
Qui nous occirent.
  O toy qui d'animal brutte
Du Merle porte le nom,
Tu n'auras plus à ta fuitte
Chauignac ne Montredon :   Bis
Las tu es caufe
De cefte grande demolition,   Et

Et destruction
Par ta grande faute.
    La desolation fut telle,
Qu'aucun n'en receut pardon
Et si furieuse & cruelle
Qu'on ne print homme à rançon,
Ny leurs familles,   bis
Ieunes femmes, & tendrons
Si mignons,
N'aussi les filles.
    Noble ville d'Yssoire
Assise en si bon pays,
De toy plus ne sera memoire
De ton renom de haut prix :
Tu es desolee :
De toutes parts ont t'a mis le feu
En chascun lieu
Tu es bruslee.
    O pauure ville d'Yssoire
Qu'auois acquis le renom,
Le meilleur vin du pays boire,
Et des filles le parangon,
Las où sont elles :   bis

B 3   Le

Les Soldats les ont emmenees:
Deflorees,
Ne sont plus telles.
   Tu dois bien gemir & plaindre,
Et faire comparaison
A Hierusalem despeinte,
Qu de Troye la destruction,
Tu es en tel estre :
Si ce bon Roy n'en à mercy,
Et soucy
De te remettre.

Chanson nouuelle des regrets & lamentations
   des Dames de la ville d'Yssoire, sur le chant
   Dames d'honneur ie vous prie à mains iom-
   tes, &c.

SI iamais fut telle pitié au monde,
C'est dessus nous où tant de mal abóde:
Helas, helas que ferons nous, mon Dieu
Ayes pitié de nous en ce bas lieu.
   Merle meschant bien te deuons maudi-
   re,
Car c'est par toy, tu nous as fait destruire,
Trois ans y a par malediction

Que

Que tu nous tiens en ta subiection.
　Toy Chauignac est ce là la promesse
Que nous faisois auec mille caresse:
Est ce le bien l'honneur & le proufit
Que t'auons fait , & tu nous as destruit?
　　Ou yrons nous, nous sommes vagabon-
　　des
Parmy les bois courons comme les ondes,
He Dieu, hé Dieu, aye pitié de nous
Compaignes sommes ores auec les loups.
　　Nous auons veu d'vne pauure maniere
Maris pendus, noyez dans la riuiere,
Enfans tuez, he mon Dieu quel horreur,
A deux genoux nous te prions Seigneur.
　　Nous auions biens en fort grand abon-
　　dance.
Or & argent, monnoye aussi finance :
Helas plus rien nous n'auons maintenant
Nous faut aller nostre pain demandant.
　　Nostre beaute helas est bien changee,
Nostre couleur en dueil est bien passee,
Nos yeux batus de pleurs & des gesmirs
Et nostre cœur plein de mille souspirs.

On ne parloit toufiours que d'Yffoire
Pour marchãdife, auffi pour bon vin boire:
Mais on dira de pauure volonté,
Yffoire là autresfois à efté.

C'eft vn parterre bié pire qu'vn village,
Qui en eft caufe c'eft noftre efprit volage
D'auoir efté rebelle à noftre Roy,
Et luy vouloir auffi faire la loy.

O Merle Merle, bié no' mets en trifteffe,
Tu es mefchant, cauteleux en fineffe:
Quand tu as fceu le camp du Roy venir
Soudainement tu t'es prins à fuyr.

Tu emportas l'argent & la finance
Pour ton loyer & bonne recompence,
Tu nous difois tels propos à rebours
Que tu allois nous querir du fecours.

Tu t'es fauué, mefchant remply de rage
Dans vn chafteau que lon nomme Marage,
Et à la fange toutes nous as laiffé,
Voila le but ou nous as delaiffé.   (lence

Or puis qu'il plait à Dieu Roy d'excel-
Que nous foyons ainfi pour recompence,
Bien merité nous l'auons fans effort

Plus

lu s ne nous reste , las sinon que la mort.

Prenez exéple Dames des autres villes,
Sortez deuant ne soyez inutiles,
Abandonnez vos biens & vos amis
Ne vous mettez aux mains des ennemis:

Car vous voyez comment sommes esga-
rees.

Parmy les champs comme bestes auollees,
On nous dechasse comme chiens enragez,
Fors que de Dieu ne sommes conseillez.

Et vous scauez, helas que la fortune
Tousiours le pauure affligé importune:
Ne vous moquez Dames des autres lieux,
Il vous en pend autant deuant les yeux.

Nous ferons fin à nostre grand tristesse
En gemissant la larme à l'œil sans cesse,
Nous prions Dieu le pere omnipotent
Nous estre en ayde de son pouuoir tresgrád.

B 5   Chan

Chanſon nouuelle, comme le Merle s'eſt rendu au Roy & à Monſieur ſon frere, & luy rend les villes & Chaſteaux qu'il tenoit, & promet tenir le pays d'Auuergne en paix : Sur le chant de la Rochelle, &c.

CE grand Dieu tout puiſſant
A donné cognoiſſance
A ce Merle meſchant.
De faire obeyſſance,
Et de ſe recognoiſtre
Comme vn dur malfaicteur,
Recognoiſſant pour maiſtre
Son Roy & ſon Seigneur.

   Monſieur ie vous ſupplie
   D'auoir de moy pitié,
   Appaiſez ie vous prie
   Las voſtre inimitié.
   Mercy à deux genoux
Ie vous crie de grace,
Monſieur voſtre courroux
Appaiſez ſans diſgrace?
Ie n'ay poinct faict offence,
Mais ce n'eſt que le bruit,

Que le peuple d'outrance
Voudroit m'auoir d'eſtruit.
       Monſieur ie vous ſupplie,&c.
    Trouué ie ne me ſuis
Dans la ville d'Yſſoire,
Bien ie l'auois promis,
Mais de peur d'vne gloire,
Et de vous faire offence
Point ne m'y ſuis trouué,
Et pour ma recompence
Pardon me ſoit donné.
       Monſieur ie vous ſupplie,&c.
    D'auuergne les Marchans
Touſiours m'ont faict brauade,
Auſſi à tous mes gens
Qu'a la deſeſperade
M'ont mis ie vous aſſeure,
Que les armes ie pris
A toutes aduentures,
Maintenant ſuis repris.
       Monſieur ie vous ſupplie,&c.
    I'auois cinq cens cheuaux
Touſiours à la campaigne,

                              Tant

Tant par monts que par vaux
Qui faiſoyent compaigne,
Et puis les gentils hommes
Qui pourchaſſoient ma mort:
Mais ils ont veu qu'vn homme
Leur a fait grand effort.
    Monſieur ie vous ſupplie,&c.
    Chauignac m'inſtruiſoit
Cömment ie deuois faire,
Et qu'entrer il vouloit
Dans la ville d'Yſſoire,
Nous n'eſtions pas rebelles
Ny au Roy ny a vous:
Mais trop bien vos fidelles
En courbant les genoux.
    Monſieur ie vous ſupplie,&c.
    Ie me ſuis marié
A vne damoyſelle,
Qui eſt , ſans varier,
Honneſte graue & belle.
Au chaſteau de Marage
Enſemble nous tenons,
Que d'vn fort bon courage,

En vos mains le rendons.
    Monfieur ie vous fupplie,&c.
  Tant villes que chafteaux
Vous promets d'affeurance
Rendre fans nul trauaux
Sous voftre obeyffance,
Et le pays d'Auuergne
Toufiours tenir en paix
Sans leur faire defdaigne,
Ainfi ie le promets.
    Monfieur ie vous fupplie,&c.
  Voyez de bonne part,
Oubliez la malice
De ce pauure foldat,
Qui vous fera feruice
En toutes vos affaires
Qu'il plaira commander,
Ils feront fort à faire
S'il ne va vous trouuer.
    Monfieur ie vous fupplie,&c.
  Ie remercie le Roy
Auffi toute fa race,
Puifque i'ay d'vn arroy

                Remif

Remiffion & grace :
Auffi les braues Princes,
Qui ont parlé pour moy :
Dieu les gard aux prouinces
D'horreur & tout efmoy.
 Monfieur ie vous affeure
 De ne porter iamais
 Coutelas ny armeure :
 Ainfi ie le promets.

*Chanfon nouuelle difcourue du vray fiege mis
deuant la ville d'Yffoire en Auuergne: Enfemble l'affaut qui fut donné le Dimenche
neufuiefme iour de Iuin. Sur le chant de
Sommieres, &c.*

S I iamais fut chanfon plus memorable
 C'eft cefte cy qui eft bien remarquable,
Or fus chantons d'Yffoire les trauaux
Et les cruels qui ont tant fait de maux :
 Car ils ont fa ct
 Dix mille volleries,
 Auffi deffa ct

Ho

Hommes par grandes furies.
Le Merle à faict vn tour de gentilesse,
Quand il a sceu qu'on alloit de vistesse
Les assieger auec le camp du Roy,
Il s'est sauué portant auecque soy
Vint mille escus
Pour secours aller prendre,
Voila le flux
Qu'il leur a fait entendre.   (soire
Quand Chauignac le gouuerneur d'Ys-
Nous vid camper il luy prend vne gloire,
Et aux soldats a dit allons sur eux,
Tuons tuons ces Tigres dangereux.
Alors soudain
Firent vne sortie
Chargeans de main,
Sur nous par grand furie.
Beaucoup de morts y eut ceste iournee
Des deux costez firent leur destinee,
Les malcõtens crioyét d'vn cœur treshaut:
Sa sa venez ennemis de papaux,
Venez querir
Des prunes mousquetees,

Pour vous nourrir.
Car ils font apreftees.   (frere
Lors monfeigneur de noftre Roy cher
De Guife auffi efcoutoyent tout l'affaire,
Soudainement le canon font venir,
Et leur deffences font battre & perir:
Tout fut pas bas
Auffi leur forterefles,
Dont vn helas
Difoyent de grand detrefle,
Cela parfaict, la ville fut fommee
Par vn heraut de bonne renommee:
Sçauoir qu'ils vouloyent dire de plein faut,
Et s'ils vouloyent endurer vn affaut.
Ouy, ils ont dict
De braue vaillantife,
Sans contredict
Tuons monfieur de Guife.
Monfieur oyant du heraut la nouuelle
Les grands feigneurs il prend d'vn cœur fi-
delle,
Et le confeil ils tiennent enfemblement
Pour foudroyer la ville entierement
                                                          Par

Par vn assaut
Cruel, fort & terrible:
Car il les faut
Accoustrer comme vn crible.
Neufiesme Iuin vn Dimanche, de sorte,
On commença à bucquer à leur porte,
De tous costez, de la plus grand fureur,
Qu'on entendoit crier, Seigneur, Seigneur:
Car ils tomboyent
De la plus grand furie,
Et s'assommoyent
Comme à la boucherie.
Six mille coups fut tiré de brauade,
Qui firét choir murs, maisons, barriquade:
Lors les soldats qui auoyent le cœur haut,
Apres midy marcherent à l'assaut.
Car de cent pas
Les bresches estoient faictes,
Et sans compas
Ne craignoient les defaictes.
Les malcontans voyans toute l'armee
Se preparer, alarme ils ont sonnee,
Et à la bresche ils se sont presentez,

C

Bien

Les treſpas
Des amoureux ie ne cherche.
   Ny la verdoyante ſauſſaye
Ny les oyſillons gracieux
Par taillis & bois de fuſtaye,
Leur iargon tant delicieux,
Ny moins le ſoulas des verds prez
De mille couleurs diaprez,
N'ont ſur moy   Loy,
Pour rendre mon cœur vollage,
Trop d'eſmoy
Souffre vne amante peu ſage.
   Mais qui ſeroit celle inſenſee
Qui ſans crainte d'auoir mal-heur
Se diroit eſtre diſpenſee,
De laſcher la bride à l'honneur?
Pas n'eſt bon de ſuyure vn deſir:
Ny de complaire au plaiſir
D'vn mignon   Non,
Outre le peché de l'ame
Le renom
Seroit vitupere & blaſme.
   Ce fut toy belle Tindaride

Que pour l'exces d'aueugle amour
Fis assembler deuant Aulide
Mille Galleres en vn iour,
O Helaine tes yeux tant beaux
Furent alors cruels flambeaux,
Les attrais   Trais,
Au cœur de l'enfant de Troye,
Ont apres
Exposé ton corps en proye.
    Tu fus plus loüable Lucresse
Ayant vn courage Royal,
Et toy Penelope de Grece,
Tu l'auois pudic & loyal,
Heureuses sont celles qui ont
L'honneur assis dessus le front,
Les sanglots   Sotz,
Leur ame n'ont offencee
En repos
Et en tout temps l'ont passee.
    Mais les hommes pleins de fallace
Et de fardee passion,
Viennent à nous de bonne grace,
Comme parlans d'affection:

Au fond de la riuiere.

On mit le feu par tout dedans la ville,

De tous coſtez flamboit d'vn gouffre ha-
bille

Yſſoire eſt bas, & razé iuſqu'au pied,

Ce n'eſt plus rien, ô Dieu qu'elle pitié.

Voyla la fin
Des rebelles d'Yſſoire,
Iamais ſans fin
Il en ſera memoire.

*Chanſon nouuelle du Printemps retourné, ſur
le temps qui court. Et ſe chante ſur le chãt,
Quand ce beau Printemps ie voy, i'apper-
çoy, &c.*

Vand ce dur Printemps ie voy,
Ie cognoy
Toute malheurté au monde,
Ie ne voy que tout erreur,
Et horreur
Courir ainſi que fait l'onde.
Plus il n'y a d'amitié,

Ne pitié,
Plus n'y a de courtoisie,
Il n'y a plus de support
Ne confort,
Tout n'est plus que fascherie.
Nous voyons nostre prochain
Qui la faim
Endure quasi de rage,
Sans luy donner verre d'eau
Ne morceau,
C'est bien vn lasche courage.
Nous voyons le grand amy
Ennemy
Prest à se tuer l'vn l'autre,
Nous voyons le pere cher
Dechasser
Son enfant pour prendre vn autre.
Nous voyons l'enfant diuers
Et peruers
Battre son pere & sa mere,
Nous voyons vn estranger
Nous manger,
C'est vn cruel vitupere.

Ma Dame ie suis sec.
    Ce seroit vn altere
Pour vn espoux trop doux,
Se rendre volontaire
A cause de mes coups:
Plus vous hasteriez vous,
Plus i'yrois pas à pas,
Ma Dame ie suis las.

    Plus chaud, que n'est la caille
Ie recherche de pres,
Quelque douce fontaine
Pour me loger au frais:
Maintenant ie me fais
Appeller maladroict,
Ma Dame ie suis froid.

    Or me dictes ma Dame
Si me voyez ainsi,
Enflambé d'vne flamme
D'vn amoureux transi:
Si me parliez d'amours
Pour en auoir secours,
Ma Dame ie suis sourd.

    Bref ie vous dy ma Dame

Pour le vous faire court:
Ie suis vn corps sans ame,
N'ayant sauce ny goust:
Il ny a plus de recours,
Quand est du perroquet
Ma Dame il est sec.

Ie resemble l'anatomie
De quelque trespassé,
Qu'on tire d'vne Eglise,
Qui estoit enchassé:
Et comme vieux cassé
Me retire & m'endors,
Ma Dame ie suis mort.

Responce au vieillard.

Vis que ce vieillard blesme
Sans vertu ny pouuoir,
N'a la force de mesme
A l'amoureux deuoir:
S'il vous plaist de m'auoir
Pour fidelle subiect
Ma Dame ie suis prest.

Si

Sans raiſon
D'vn' horreur par trop ſeuere.
Nous voyons les pauures biens
Terriens
Diminuer d'heure en heure,
Et les gentils arbriceaux
Vers & beaux,
Qui par le pied ſoudain meurent.
Nous auons eu tant de maux
Et trauaux,
Guerre, famine, & peſte,
Cruauté, horreur, effroy,
Et eſmoy,
Qui nous rompt quaſi la teſte.
Qui eſt cauſe de ce mal
Dur fatal?
Nos pechez ords & terribles,
Nous ſommes comme brutaux
Animaux
A bien faire inutiles.
Nous ne tenons plus de foy
Ny de loy,
Tant nous ſommes gens ignares.

Nous

Nous sommes esblouys des cieux
    Gratieux,
A tous nos pechez barbares.
    Et changeons nostre vouloir
      D'vn espoir,
Et aussi nostre coustume,
Recognoissans nostre Dieu
    En tout lieu
Nous ostera d'amertume.
    I'ay voulu par passe-temps
      Ce prin-temps
Vous monstrer estre fragile,
Afin de vous corriger,
    Et changer,
Sans estre plus inutile.

*Chanson nouuelle d'vn compagnon nouueau
marié, qui n'a sceu iouyr de son espousee
iusques à la troisiesme nuict. sur vn chant,
Sus mon amy, sus & la don.*

VN compagnon de village
    Fort estourdy,

      C 5   Se

Mais s'il vous plaiſt d'aymer
Vn fidelle ſubiect
Ma Dame ie ſuis preſt.

Chanſon nouuelle de la complainte d'vn labou-
reur contre les vſuriers, qui luy ont mangé
ſon bien, ſur le chant: Or la voyla la petite
bergere.

HElas Dieu que feray-ie
Moy pauure laboureur,
Ou me retireray-ie
Que ie ſuis douloureux,
Les vſuriers m'ont fait manger ma terre.
Iaymerois mieux les ſoldats de la guerre.
    I'eſtois bien a mon aiſe
Ie viuois de mon bien:
Mais ie ſuis en mal-aiſe
Helas ie n'ay plus rien:
Tout mon mal-heur eſt venu de l'vſure
Aller me faut à ma bonne aduenture.
    Ie vay à la iuſtice
A ces bons aduocats

Ils sont gens de police
Ie leur diray mon cas:
I'ay engagé mes vignes & ma terre
Ie suis venu vostre conseil requerre.
    Vien ça dy moy bon homme
Et ne me cele rien,
As tu point peur en somme
Que tu perdes ton bien,
Monsieur le iuge est homme debonnaire
Bien volontiers entendra ton affaire.
    Helas monsieur le Iuge
Faites moy vn plaisir,
Vous estes mon refuge
Vueillez moy secourir,
Les vsuriers ont mangé ma substance,
Sçauroy-ie point en auoir recompance.
    L'vsurier est en peine
Qu'il fera de son blé,
Sa maison en est pleine
Il craint luy estre amblé:
Mais il attent vne mauuaise annee
Afin que plus de moytié soit gaignee.
    L'vsurier en sa caue

A du

Quand ils ont ſceu au village
Que ce mary,
N'auoit non plus de courage
Qu'vne ſoury,
Ils ont faict chary vary
Pour la riſee,
A vn chaſcun deſcouurir,
Fy de l'amour qui n'a plaiſir.

A l'heure dit l'eſpouſee,
Or voy-ie bien
Que ie ſuis femme abuſee,
Fy du vilain,
Le cœur luy faut au beſoing
De la beſongne,
Qui me rend le cœur marry,
Fy de l'amour qui n'a plaiſir.

En treſgrande diligence
Vn bon garçon
Du village, par plaiſance
Fit la chanſon,
Pour de ioyeuſe façon
Dancer les feſtes,
Voicy le beau temps venir,

Fy de l'amour, qui n'a plaiſir.

Chanſon nouuelle d'vn amant & de s'amie, &
ſe chante ſur vn chant nouueau.

ALons ma folaſtre mignonne
Soubs l'eſpeſſeur de ce bois verd,
Sentirons l'herbe qui fleuronne,
Et verrons ſon eſmail diuers.
Là nous donrons deux ou trois tours:
Communiquant de nos amours:
Puis apres,   Pres
De quelque fraiſche ombrelette
de Cypres,
Nous irons preſſer l'herbette.
  Là nous repoſerons mignarde
Tout le iour à noſtre loiſir,
Sans que perſonne prenne garde
A noſtre deſiré plaiſir:
Là tu diras vne chanſon,
Et ie te reſpondray au ſon:
En chantant,   Tant
Que les oiſeaux par merueille,   Eſcoutant
                              Nous

Dieu que tu es puissant:
Car le meschant iniuste
Permets egallement
Qui s'est de toy perdu
Est soudain confondu.

A Bar ville en Lorraine
Vn nommé Iean Goudard,
Marchant de draps & laine
Petit homme vieillard,
En tous biens opulant
De bleds vins & froment.

Aussi auoit vn gendre
Que vous reciteray,
Ainsi qu'ay peu entendre
C'est Claude Caboret,
Vsurier & felon
Grand amy de Pluton.

Tous deux d'vne malice
Et d'vne ambition
Estans pleins d'auarice
Sans nul remission
Leurs ames ont donné
Aux diables pour gaigner.

Suyuant ceste entreprise
Il aduint que les biens
N'eurent bonne reprise.
Car il n'eurent le temps:
Voyans tel desplaisir
Receurent grand plaisir.

Les pauures gens des villes
Villages & autres lieux
Venoyent de pas agilles
A courir deuers eux:
Les priant d'amitié
Qu'ils eussent d'eux pitié.

Alors les miserables
Leur disoyent de rigueur
Estans poussez des diables
Et remplis d'vn horreur,
Si n'auez de l'argent
Sortez tout promptement.

L'vne portoit sa robbe
Et l'autre ses aneaux,
L'autre son garderobbe
Et l'autre ces ioyaux,
Et rien ils n'en vouloyent

Vne autre fois de remourir,
Si ma mort   Sort
Du fuccre doux de ta bouche,
Qui m'endort
Auffi toft que ie la touche.
        Baife moy donc & me rebaife:
Car ce me fera fort grand heur,
Si durant le cours de tel aife
Entre tes mains ie rens mon cœur:
Car auffi bien ne veux ie pas
Le garder que pour tes esbats:
Mon cœur eft   Preft
D'abandonner fa demeure.
S'il te plaift
Que fur ta bouche ie meure.
        Or c'eft affez baifé folaftre,
Mettons fin à nos paffe-temps:
Demain nous reuiendrons esbatre,
Pour rendre nos defirs contens:
Noftre plaifir redoublera,
Qui d'vn tel heur nous comblera,
Que les dieux   Mieux
Tous les cieux ne fauorifent:

Qu'en

Qu'en ces lieux
Ceste nostre mignardise.

Responce faicte par vne Dame.

O Combien l'entreprinse est folle
D'aucuns amans trop glorieux
Qui sont espris d'vne ardeur folle,
Se cuidans ia victorieux
Sur l'honneur des Dames de pris,
Qui de l'amour n'ont le cœur pris:
Car l'effort   Fort,
Et de chasteté les armes
C'est vn fort
Contre amour & ses alarmes:
    Pourquoy m'appelles tu mignonne
Et folatre indiscrettement,
Quoy pensez vous que ie m'adonne,
A aymer si legierement,
Or ne vous vueillez appaiser,
De moy n'aurez vn seul baiser,
Les appas   Pas
De l'Archerot ny sa flesche

Bien reſolus, ſur nous ſe ſont iettez,
   Crians Papaux,
   Vous n'entrerez encores :
   Car bien des ſauts
   Faut ſauter pour nous mordre.
Lors les ſoldats auoyent vn tel courage,
Que d'ás la breſche ils entroyét d'vne rage:
Mais à la mort trop toſt ſe preſentoyent:
Car de trois cens que vingt ne reuenoyent:
   Car ils gettoyent
   Du feu vif d'artifice,
   Dont ils tomboyent
   Tous morts dedans la lice.
L'aſſaut dura l'eſpace de cinq heures
Sans rien gaigner, ſinon que corps qui meu-
rent,
Tant de ſeigneurs, capitaines & ſoldats,
Qui ſont tous morts & cheus dans les ram
                     (parts.
   Soudainement
   De Monſieur la trompette
   Haſtiuement
   Va ſonner la retraitte.
Le lendemain parlementer voulurent,
                        De

De là dedans quatre marchans esseurent,
Pour se venir getter à deux genoux
Deuant Monsieur pour péser estre absous,
        Et qu'ils rendroyent
        La ville & le pillage,
        Et sortiroyent
        Auecques leur bagage.
    L'accord fut fait, on entre dans la ville
Tout fut tué d'vne vertu agille,
D'vne fureur, ainsi comme à l'assaut:
Mais les marchans firent terrible saut,
        Quatre pendus
        Furent à la campaigne.
        Et sur les murs
        Le ministre Chauaigne.
    Monsieur de Guise a sauué quelques fem
        mes,
Et leur honneur, sans doute ny diffame:
Il les fit mettre dedans vn fort chasteau,
A leurs maris on leur baille vn cordeau,
        Pour les mener
        D'vne course legere,
        Et les noyer

Mais touſiours l'homme eſt vanteur
Et en ſa promeſſe menteur,
Inconſtant   Tant,
D'auoir le fruict eſt de meſme,
Appreſtant
Pour vn plaiſir dueil extréme,

Chanſon nouuelle d'vn vieillard marié nou-
uellement, qui ne peut fournir à l'appoin-
tement.   Et ſe chante ſur vn chant nou-
ueau.

A Mour n'eſt plus mon maiſtre
Plus ſon ſerf ie ne ſuis,
Chaſcun peut bien cognoiſtre
Que c'eſt amour ie fuis:
Maintenant ne pourſuis
Que d'aller droict aux cieux,
Ma Dame ie ſuis vieux.
    Quand i'allois à la dance
Mon cœur alloit vollant,
Redoublant la cadance
Sus vn pied fretillant:

Mais,

Mais ce feu violant
M'a rabatu tout court,
Ma Dame ie suis lourd.

    I'ay veu qu'à ces alarmes
Ie soulois estre adroict,
Ie pouuois faire carmes,
Pour le moins quatre ou trois:
Maintenant ie ne vois
Qu'vn az à mon trictrac,
Ma Dame ie suis flac.

    Ie ne voulois qu'vn signe
Pour m'en aller tout droict
Labourer dans la vigne,
Comme amour commandoit:
Mais helas que feroit
Vn ouurier sans fessou?
Ma Dame ie suis sou.

    Ie n'ay plus la fontaine,
Ny la viue couleur
De l'eau viue soudaine
Pour estaindre chaleur:
Ie n'ay rien de meilleur,
Sinon le bout du bec,

Chanſons

Nous voyons femmes parler
Se meſler
D'vne infinité d'affaires,
Et pourtans de grands cheueux
Fardineux
Pour à ce monde complaire.
Nous voyons les païſans
Indigens
Demandans par tout leur vie,
Vn biſſac pour tout recol
Sus ſon col
D'vne pauureté demie.
Nous voyons tant de vouleurs
Pleins d'horreurs,
Qui pillent, tuent & ſaccagent:
Ne craignans ny Dieu ny Roy
D'vn eſmoy
Vomiſſent dix milles rages,
Nous voyons la belle fleurs
De couleurs,
Se changer d'vne aduenture,
Nous voyons le beau iardin
Au matin

Se fenir de fa verdure.
    Nous voyons le fueillu bois
        Cefte fois
Aneantir fon fueillage,
Nous voyons le roffignol
        D'vn chant mol
Deduire tout fon ramage.
    Mais trop bien le laid hiboux,
        Qui ialoux
Eft de noftre iouyffance,
Il chante à haute voix
        Dans les bois
Pour nous faire defplaifance.
    Nous voyons les amoureux
        Rigoureux,
Laiffans leurs gentes maiftreffes,
Au lieu d'eftre gracieux
        Et ioyeux
Portent dix mille trifteffes,
    Nous voyons vn ieune enfant
        De fix ans
Renier Dieu & fa mere,
Et faifant comparaifon

Si ſn lourde vieilleſſe
Chancelle ſans vigueur,
L'appuy de ma ieuneſſe
Eſt encor en ſa fleur:
S'il eſt glaſſé de peur
A ce gentil aſſaut,
Ma Dame ie ſuis chaut.

Son adreſſe premiere
De picquer il n'a pas,
Mais pour donner carriere
Iamais ie ne ſuis las:
Soit pour aller au pas
Ou voultiger en rond,
Ma Dame ie ſuis prompt.

Si le fol faiſt l'entree
Ie me puis aſſeurer,
Que la barbe meſlee
N'y peut rien eſperer:
Donc pour y aſpirer
Ne me fermez ce trou,
Ma Dame ie ſuis fou.

Le vieillard eſt ſans force
A l'amoureux effort,

Il n'a rien que l'escorce.
Ma Dame ie suis fort:
Il resemble en son mort
Vne souche de bois,
Ma dame ie suis frais.

    Les seillons de sa face
Qui n'a plus rien de beau.
Semblent vne carcasse
Hautesse d'vn tombeau:
Il a flacque la peau,
Le chose mol & froid.
Ma Dame ie l'ay droict,
    Nature ne façonne
Rien qui soit otieux:
Desployez donc mignonne
Vostre outil gratieux:
Car en ces plaisans ieux
Le vieillard est retif
Ma Dame ie suis vif.

    Ne vueillez donc pretendre
De pouuoir allumer
Vn feu de ceste cendre
Qui ne peut s'enflammer

Se voulut mettre en mefnage
Comme lon dit:
Sa femme toute la nuict
Fut fi farouche,
Que toucher ne luy ozit,
Fy de l'amour qui n'a plaifir.
    Des la premiere nuictee
Il penfoit bien
Embraffer fon efpoufee
Et n'en fit rien:
Car elle gingoit fi fort
Deffus la couche,
Que le lourdaut tresbuchit
Fy de l'amour qui n'a plaifir,
    Les deux premieres nuictees
Ne fceut iouyr
De fa toute bien aimee
A fon plaifir.
Or deuinez qu'il fit
A la troifiefme,
Par fineffe l'attachit,
Fy de l'amour qui n'a plaifir.
    Le compagnon print la belle

En son dormant,
Luy lia d'vne ficelle
Bien doucement
Les deux pieds aux deux pilliers
De la couchette :
Puis en fit à son desir,
Fy de l'amour qui n'a plaisir.
   L'espousee se reueille
En la berçant,
Vrayement voysi, ce dit elle,
Bon bercement :
Or ne me liez plus tant,
La peine est douce,
Le mal n'est pas pour mourir,
Fy de l'amour qui n'a plaisir,
   Lors son mary la desliee,
Elle luy dit,
Recommancez ie vous prie
Sans faire bruit :
Ie ne puis, dit le mary.
Ma douce mie.
Le courage m'est failly :
Fy de l'amour qui n'a plaisir,

Quand

A du vin à foyſon,
A voiſin n'y eſclaue
Il n'en fera raiſon.
Il attendra s'il viendra vne greſle,
Trop grand chaleur ou bien quelque niell
   S'il voit quelque bon homme
Qui arriue des champs,
Viença (dit-il) preud'homme
Les bleds ſont ils meſchans?
Helas monſieur la brouee & la pluye
Ont faict les bledz auſsi noir que la ſuye
   Viença dy moy bon homme
Que dis tu des poiriers?
Auons nous de la pomme
Ou de noix des noyers?
Nenny monſieur, il n'y en a pas vne
Tout eſt tombé, ny a pruneau ny pomme
   Viença dy moy compere
Les foins ont ils le temps?
Ainſi comme i'eſpere
Iamais il n'en fut tant,
Helas monſieur, ce n'eſt rien de l'herbag
C'eſt grand pitié de voir le paſturage.

L'v

L'vſurier eſt bien aiſe
De ce qu'il a ouy,
Il chante, ſe degoiſe,
Il eſt fort reſiouy,
Bon temps pour moy, l'annee ſera chere,
I'auray du bien qui ne me coutera guere.

Chanſon nouuelle de la plus terrible choſe aduenue en la ville de Bar en Lorraine, d'vn marchant de draps & laines nommé Iean Godard & Claude Caboret ſon gendre qui ſe ſont deſfaicts pour auoir veu les biens beaux, eſtans poſſedez des Diables, comme appert ſur la copie imprimee à Paris auec permiſſion: Et ſe chante ſur La Parque.

IAmais tel cas terrible
On n'a veu ny cogneu
Ny acte ſi terrible
Ainſi que l'on a veu,
D'vn faict ſi merueilleux,
Auſſi fort perilleux.
   O Dieu que tu es iuſte

                              Dieu

Nous viendrois preſter l'oreille.
   Là tu verras les tourterelles
Practiques leurs ieux amoureux,
Et les mignardes colombelles
S'entrebaiſer de deux à deux:
La tu verras les paſſereaux
Sauteller ſur les arbriſſeaux:
Dont le bruit   Suit
Toute la foreſt eſpeſſe,
Qui produit
En nos cœurs grand' allegreſſe.

   Or nous voicy ma chere amie,
Voicy le lieu tant deſiré,
Où nous auions ſi grand' enuie
De deuiſer à noſtre gré.
Ie te pry' donc ne perdons temps
A nos plus gaillards paſſe-temps:
Car le iour   Court,
Ou quelque ialouſe rage
En amour
Nous pourroit porter dommage,
   Aſſis toy donc ma mignonnette
Sur le touffeau de ce gazon,

Ie m'assiray sur ceste herbette,
Me panchant dessus ton giron,
Tu me diras tout son soucy,
Ie te diray le mien aussi,
Et serons　Prompts
A uous aider des cest'heure,
Si voulons
Que plaisir nous en demeure.
　Ie te pri' donques ne te bouge,
Si tu veux mon mal alleger,
A fin que sur ta　eure　rouge
Ie puisse cueillir vn baiser:
Ha ma mignonne ie me pers
Apres le miel de tes baisers,
Mon soulas　Las
Vois tu pas que ie trespasse:
Car tu m'as
Osté le cœur de sa place.
　Ie n'auois plus espoir ma dame
De reuoir la clarté des cieux,
Car tu m'auois desrobé l'ame
Auec ton baiser gracieux:
Si ay-ie encor pourtant desir

Si ore ne s'obligeoyent.

Ils auoyent corps & gages
Encor leur furuendoyent
De beaucoup d'auantage
Que leurs bledz ne valloyent,
Et fi par leurs abus
Leurs gages eftoyent perdus.

Quand les hômes & femmes
Penfoyent aller querir
Leurs gages fans diffames
Afin les reueftir,
Ils difoyent d'vn courroux
Ne fontils pas à nous?

N'eft ce pas pour la peine
Du preft que t'auons faict
Pour ne remettre en hayne
Que ié fois fatisfaict
De l'obligation,
Ou yras en prifon.

O Dieu qu'elle pillerie
O Dieu qu'elle cruauté,
C'eft pis que vollerie
O grande defloyauté

O cœur

O cœur trop endurcy
Tu eſtois bien durcy:
   Quand ils ont veu l'annee
A preſent bien porté,
Et' que greſle & gelee
Ns auoit rien offencé,
Ils crioyent Lucifer
Venez toſt m'emporter.
   Alors voicy vn diable
Qui vint à luy parler,
Et luy dit miſerable,
Ie te veux emporter,
Tu es à moy tenu
Car ton tempt eſt venu.
   Regarde ie te priе
Ton vin n'eſt que de l'eau,
Ton blé n'eſt que voyrie,
tien voila vn cordeau,
Or pend toy iuſtement
Tu ne peux autrement,
   Son gendre par deſdaignes
S'en va tout arracher
Toutes ces belles vignes

E   Er

Et les va petiller,
Les diables le tenoyent
Auffi le poffedoyent.
Il va trouuer fon pere
Qui eftoit tourmenté,
Et luy en tel affaire
Eftoit de cruauté
De gros rats noirs enflez.
Ils les ont eftranglez.
    Et tenoyent de leurs pates
De blé vn petit fac,
Couroyent par tout en hafte
Deffus leur eftomac,
Les diables tout foudain
Les emporterent en fin.
Gros vfuriers qui s'enflent
Des biens des pauures gens:
Voila fort belle exemple
Malheureux & meschans:
Dieu ne cognoiffez plus
Si non que voz efcus.
    Pour les biens de ce monde
Se damner d'vn forfaict,

Et malheureux immonde
Vous requerez l'effaict
Du celestiel don
Du temporel guerdon.

Chanson nouuelle des Tauerniers & Tauernie-
res. Sur le chant, Enfans prenez
courage, &c.

Bourgeois & gentils hommes
Qui allez par pays,
D'argent vous faut grans sommes,
Pour payer vos logis:
Vous trouuerez vne hostesse
Qui fait de la maistresse
Quelque vin ripopé,
Vous auez d'auanture
Souuent lasche ceinture
Quand vous auez soppé.

   Tauerniers tauernieres
   Qui sçauez les manieres
   D'amasser a grand tas:
   Quand vous aues vn hoste

Chanſons

Pour Dieu viuez de coſte,
Mais ne le pillez pas.
Les deſpences ſont cheres

Chez ces beaux tauerniers
Et ſi n'en mangez gueres
Pour beaucoup de deniers,
Le diſner qu'on vous donne,
La carpe n'eſt pas bonne,
Lebrochet trop gardé,
Au deſſert le fruictage,
De Milan le fromage,
Vous eſtes mal diſné.

Tauerniers tauernieres
Qui ſauez les manieres,
Pour toute la iournee

Pour homme & pour cheual,
Groſſe ſomme eſt payee,
Cela vous faict grand mal,
Trois francs ou quatre liures
Et ſi n'eſtes pas yures:
Car le vin eſt petit,
Souuent ſortez de table,
La choſe eſt veritable

&c.

Auec

Auecques appetit:
    Tauerniers, tauernieres
    Qui sçauez les manieres, &c.
    Au cheual son auoine
Vous voyez presenter:
Mais vous n'auez la peine
De la luy voir oster:
Quand vous auez l'hostesse
Qui vous fait la caresse,
Pour auoir de l'argent,
Elle a bien la finesse
De prendre hardiesse
De prester son corps gent.
    Tauerniers, tauernieres
    Qui sçauez les manieres, &c.
    Dedans la cheminee
Pour vn peu vous chauffer,
Auez quelque bourree
Auant que vous coucher,
Ou vn fagot sans trippe,
La chambriere grippe,
Par le commandement
De son maistre ou maistresse

E 3

De l'hoſte ou de l'hoteſſe
Il ne luy chaut comment.
   Tauerniers tauernieres
   Qui ſçauez les manieres, &c.

   S'il faut vne chandelle
Pour vous aller coucher.
La chambriere belle
Vous faut pour la moucher:
Si elle eſt godinette
Vous baiſez ſa bouchette
Vn petit coup ou deux
Si vous eſtes bien ſage
C.eſt tout vn du viſage,
Mais gardez l'entredeux.
   Tauerniers tauernieres
   Qui ſçauez les manieres, &c.

   La belle chambriere
Au matin vous va voir,
Veus faiſant bonne chere
Pour ſon butin auoir:
Ce ſont les tromperies
Et les affronteries
Que font les tauerniers

Vn chacun d'eux s'employe
Pour attrapper monoye
Ce font fins alefniers.
          Tauerniers tauerniers
          Qui fçauez les manieres &c.
      S'il y a en la ville
Quelque mal entendu,
De nature feruille
Qui a tout defpendu:
Prend quelque chambriere
Qui entent la maniere
De dreffer fon tetin,
Ayant argent en bource
Il y va d'vne cource
Pour auoir ce butin.
          Tauerniers tauernieres
          Qui fçauez les manieres, &c.
          Ayant faict bonne chere
Quelque petit de temps
Auec fa chambriere
Prenant fon paffetemps:
Helas ce dict la dame
Ce nous feroit diffame

E 4

Quand

Quand nous n'ayrons plus rien,
Pauureté nous gouuerne,
Il faut leuer tauerne
Pour amaſſer du bien.
  Tauerniers' tauernieres
   Qui ſçauez les maniere, &.
 La tauerne leuee,
L'enſeigne & le bouchon,
La dame bien peignee,
Les cheueux en bouchon:
Soudain y aurapreſſe
Pour l'amour de lhoſteſſe,
Chacun y accourra:
Il n'y aura yurongne
Qui n'y porte ſa trongne
L'argent y demeurera.
  Ta uerniers, tauernieres
   Qui ſçauez les manieres
   D'amaſſer à grand tas
   Quand vons auez vn hoſte
   Pour Dieu viuez de coſte,
   Mais ne le pillez pas

Chan

chanson nouuelle du siege de la cherité, &
se chante sur le chant, Traistres de la
Rochelle, &c.

Soldats de Cherité
Cessez vostre rudesse,
Le canon est preparé
Et la fleur de noblesse:
Il n'y a plus d'adresse
D'auoir remission:
Car il faut faire escampe,
Quitier le bastillon.

    Peuples plus qu'infidelles,
    Pleins de desloyauté,
    Sans vous monstrer rebelles,
    Rendez la cherité.

Ce n'est suyuant la Loy
De Dieu n'y l'Euangile,
De retenir au Roy
Par force ainsi sa ville,
Vous n'estes assez agilles,
O peruers insensez
Faux prescheurs d'Euangiles

E 5 Ren

Rendez la Cherité.   Peuples, &c.
    Par tout le Nyuernois
Bourgs maiſons & villages,
Vous auez ceſte fois
Courus & faict rauage,
Empourtant le pillage
Dedans la Cherité.
Nous auons bon courage
D’en faire à l’equité.   Peuples, &c.
        Vous taſchez malheureux
A faire mettre en ruyne
De france les forts lieux
Par voſtre enuie maligne:
Mais par la foy Chreſtienne
Que du Sauueur tenon
Noz groſſes couleuurines
Point ne vous manquerons.   Peuples, &c
        Dictes moy penſez vous
Auoir quelque nouuelle
Ou bien quelque ſecours
De deuers la rochelle?
N’en attendez rebelles
Point ne vous en viendra

                                    Nous

Nous auons sur les aisles
Qui vous empeschera.
   L'assemblee vous va voir
De France bien munie,
Pensez vous recouoir
Cherité la iolie,
A ce coup la furie
Du Roy vous ferons voir,
Noz doubles artillerie
Vseront leur debuoir.   Peuples, &c.
   Si vne fois sur vous
Nostre camp prend victoire,
Nous vous enuoyerons tous
A Noyon dedans Loire,
Car vostre purgatoire
Est là prest en enfer,
Comme il est par memoire
Au liure à Lucifer.
      Peuples, &c.
   Pensez vous qu'à la fin
Iesus qui fait tout estre,
Ne veut pas pour certain
Que le Roy soit le maistre

Pourquoy il a le ſeptre
Et degré ſi Royal:
Si cen'eſt pour luy eſtre
Seruiteur treſloyal.

    Peuples plus qu'infidelles,
    Plains de deſloyauté,
    Sans vous monſtrer rebelles,
    Rendez la Cherité,

*Chanſon nouuelle du pillage & ſurprinſe de la
ville d'Anuers, faiſt par les Eſpagnols: Sur le
chant de Nimes.*

Ville tant magnifique
    d'Auuers, ploure à coup,
Car ta riche trafique
C'eſt perdue debuaucoup:
Ville tant eſtimee,
Les Parques ont mal fait
De t'offrir tel mesfait:
De Flaudres ville aimee
Las tu as bien ſouffert
Du mal qu'on t'a offert.

Vous

Vous messieurs de la ville
Et du lieu gouuerneurs,
Que n'estiez vous agilles
De rompre les fureurs
Des espagnols l'armee,
Que voyez deuant vous,
Vous n'en preniez courroux,
Dont la trouppe animee
Vous voyant paresseux,
Ont esté fort ioyeux.

Par voftre nonchalance
Vous auez bien perdu,
Eftant en doleance,
N'ayant cœur n'y vertu,
Ils eftoyent dans la ville,
Que pas vous ne fortiez,
Et en rien ne penfiez,
Vous eftes mal habilles,
Que ne gardiez les forts
Dedans & par dehors.

Par diuine puissance
Auez veu d'autres lieux,
Pour les grandes offences

Et

Et pechez vicieux
Perir tout en vne hure
Par le vouloir d'en haut,
C'est bien fans nul deffaut,
Et Sodome, & Gomorrhe
Sont-ils pàs confommez
Et par feu abymez.

    La peruerfe fortune
Vien tout en vn inftant,
Vomiffant farancune
Sur l'homme incontinant:
Sur fes biens, pafturage,
Sus enfans, deffus tout,
Elle ruine par tout,
Lors d'vn pauure courage,
Ne fcay d'où cela vient,
C'eft fon peché qui tient.

    Anuers, tant douloureufe
Ce coup refiouy toy,
Car tu es bienheureufe
D'auoir fouffert l'efmoy
Et prendre en patience
Les miferes & trauaux

Qu'on

Qu'on fait les Espagnols,
Si Dieu par sa puissance
Plus de bien te promet,
Que tu n'as heu iamais.
    Ne vous fachez mesdames
Et filles dudit lieu,
Ayez bonne reclames'
Et priez ce grand Dieu,
Que l'ennemy rebelle
Ne vous face aucun tort,
Pillerie, ny effort,
Soyez tousiours Fidelles
A Dieu d'un cœur tresbon,
Faisant vostre oraison.
    Car vous voyez les verges
Qu'il vous a enuoyez:
Ceste vierge & consierge.
Aussi de cœur priez,
Que vostre ville pauure,
Tost se puisse enrichir
En honneur & plaisir,
Ayant en souuenance
Du mal qu'auez receu,

Et de l'orreur deceu.
  Qui la chanfon a faicte,
C'eſt vn ieune garçon,
Qui a ſceu la defaicte
D'anuers, d'vn cœur felon:
Oyant telle amertume,
N'a eſté pareſſeux
De mette en main ioieux
L'ancre papier & plume,
Pour vous faire chanter
Et vous defennuyer.

Chanſon nouuelle fort recreatiue, d'vne ieun
     femme qui eſtoit mal contente du ieu d'aime
enuers ſon mary. Et ſe chante ſur vn chant
nouueau

NE voit ont pas ces hommes
Se iouer ça & la,
Et ſottes que nous ſommes
N'oſons faire cela.
  Point nen ont de diffame:
Mais ſi voulons aimer,

C'eſt

C'est pour faire la femme
Et le mary blaſmer.
  Le mien par tout ſe iette
Viuant en liberté,
Et ie me tiens ſubiecte
Luy gardant loyauté.
  Ailleurs il boit & danſe,
Sans eſpargner mon bien,
Et chez moy ſi fort tanſe
Que ie n'ay aucun bien.
  Viure en ceſte maniere
Ne ſeroit pas raiſon,
Car ie ſerois chambriere
En ma propre maiſon.
  Au lieu de me complaire
Par le tout la nuict
De ſon facheux affaire,
Me priant du deduict.
  Quant le iour ie me ioue,
Le voulant accoller,
Me donne ſur la ioue,
Me faiſant reculer.
  Si ie dis la nuictee

F   Appro

Approchez mon amy,
Il respond affectee,
Puis ie suis endormy,
     S'il aduient qu il s'efforce
Seulement vne fois
Ie cognois que la force
Ne reuient de six moix.
          Outre plus son bagage
Est si mol & petit,
Que du ieu le courage
Ie pers & l'appetit.
          Il nourrit vne amie
Dont ie m'en vois mourant,
Car de mon ennemie
N'ay que le demourant.
          De ce dont i'ay enuie
S'il m'en faict plus ieusner,
Le reste de ma vie
Ie m'en feray donner.

Autre chanson nouuelle à ce propos, &
se chante sur le mesme chant,
               Complainte.

S Vis-ie pas malheureuſe
  D'auoir vn tel mary
Lequel quand ſuis ioyeuſe
Eſt dolent & marry.

   S'il m'oit chanter ou rire,
Ou prendre que esbat,
En redoublant ſon ire
Se courrouce & me bat.

   Et ſon trop fier courage
Et parler vicieux,
Trouble mon cœur de rage
Et de larmes mes yeux.

   Helas pouuois-ie eſlire
En tout le genre humain
Vn homme qui fuſt pire,
Plus ſot & inhumain?
Plaiſanre ſuis & miſte,
Luy ſale & enuieux,
Son naturel eſt triſte,
Et le mien eſt ioyeux.

   O liberté tant douce
Ie t'allois bien cerchant
Contre moy te courrouce

F 2   Ores

Ores te cognoissant.
Si au lieu fusse morte
Où l'accord fut mal faict,
Au moins en telle sorte
Le lien fut deffaict.

Mort que ne m'as tu prise
Ou luy premierement,
Sans que ie fusse mise
En ce cruel tourment.

Ie suis tant amoureuse
Las ie n'ay nul plaisir,
Ie suis pauure piteuse
Qui meurs de desplaisir,
Il faut qu'vn amy face,
Mieux punir ne le puis,
Qui mes ennuis efface,
Tandis qu'ainsi ie suis.

Chanson nouuelle desdite à la noblesse & gen-
darmerie de France, ouchant le bon vouloir
& affection qu'ils on à faire seruice à Dieu
& au Roy: sur iechant de la fille de Dieppe.

Mainte

Aintenant par pays
Nous ne voyons que guerre
Que font les ennemis,
Qui aux villes se serrent
En tenans fort, faisans rebellion
Au Roy par cauillation.

Mais ce prince puissant
Issu de la couronne
En vertu florissant
Voyant l'horrible felonne
Des ennemis cruels seditieux
Sur eux c'est monstré furieux.

Estant accompagné
De ce grand Duc de Guise
Qui veut tousiours gaigner
Pour defendre l'Eglise,
Et de Neuers le Duc, Mercure aussi
Qui au corps n'ont le cœur transi.

Gentils-hommes & soldats
Tant braues capitaines
Qui sont de toutes parts
A souffrir milles peines,
Ayans desir de grandeur & arroy

Faites loyal ſeruice au Roy.

   Ce qu'ils ſont tous les iours
Eſtans en la campagne
Pour deſſiner le cours
De l'ennemy deſdaigne,
Et puis il marche deſſoubs vn conducteur,
Qui n'a en luy faute de cœur.

   Dauant la Cherité
Voulant ſans nulle empeſche
Aller d'vne equité
Recognoiſtre la breſche,
Mais les ſeigneurs l'ont fort bien engardé,
Et vn ſoldat ont enuoyé.

   Les mal contens voyant
De monſieur le courage,
Rendus incontinent
Se ſont à ſon ſeruage:
Car ils ont veu des ſoldats genereux
Qui euſſent bien mordu ſur eux.

   Le ſiege fut leué
De valeureuſe gloire,
Fut conduict & menée
En Auuergne à Yſſoir,

Ou

Qui monseigneur, luy mesme sans defaut,
De toute alloit à l'assaut.

   Au dessus des genoux
Estoit dedans la fange,
Il ne craignoit les coups,
Mais il vouloit reuenche
Auoir d'iceux qui ont tant fait mourir
De braues hommes par perir.

   Et qui n'auroit le cœur
De suiure ce bon prince,
Qui d'vne grande vigueur
Par toute la prouincē
Cherche ceux là qui sont par tout hais,
Et qui du Roy sont ennemis?

   Sus courage soldats
Faictes tousiours la garde
Que vous faictes aux escarts
Pourtant l'arquebuzade,
Aussi la mesche dessus le serpentin
Pour l'ennemy mettre à la fin.

   Saulagez nostre mal
Qui depuis seize annee
D'vn malheur enormal

Ont faict leur destinee:
Faictes donc bon deuoir gentils soldats,
A fin que vous chassiez ce mal.
  Et faictes par vos faits
De fureur asseuree,
Que faciez à iamais
Venir la vierge Astree;
La douce paix que tant nous desirons,
Et en tout plaisir vous ferons.
  Ce grand Dieu tout puissant
Vous donnera la grace
Combattre iustement
L'ennemy sans fallace,
Comme auez fait braues souldats courtois,
En suyuant François de Valois.

Chanson nouuelle d'vne Dame de Troye se com-
plaignant de son mary, sur le chant: I'ayme
tant tant, &c.

HElas Pauure dessolee
Passeray ie ainsi mon temps,
Sans que ie sois consolee

De quelque gentil galant
Ie laymerois tant tant.   bis
   Pourquoy suis-ie mariee
Pour ainsi m'assuiettir
Au ioug où ie suis liee
Sans iouyr de ce plaisir
Que ie voudrois tant tant.   bis
   I'ay vn bien en ce martyre
Que mon cœur voulant me rend,
C'est que mon mal ie veux dire
A vn qu'est gentil galland,
Il m'aydera tant tant.   bis
   Si la nuict ie me veux rire
Aupres mon facheux mary,
Il se tourne & se retire
Faisant le triste & marry,
Ie souspire tant tant.   bis
   Mais si mon mary m'embrasse
Pour me faire quelque bien,
Il me barbouille & tracasse
Et enfin ne me faict rien,
Ie me fasche tant tant.   bis
   Contemplez icy mes dames

F 5

De

Gemiſſez de mes trauaux,
De ce malheureux infame
Qu'au beſoing le cœur luy faut,
Il m'ennuye tant tan t.　　　bis

Si en main ie prens ſalance
Pour voir en quel point elle eſt
Ie trouue qu'il n'a puiſſance
De la coucher en l'arreſt,
Ie la voudrois tant tant.　　　bis

Le changement de viande
Fait venir vn appetit,
Et puis c'eſt douleur trop grande
De n'en auoir qu'vn petit:
Lors s'ennuye tant tant.　　　bis

Icunes gens ont bon courage
Et touſiours ſont eſueillez,
Ils meritent en l'ouurage
D'eſtre aymez & recherchez,
Ils trauaillent tant tant.　　　bis

Mais ſi la mere nature
Ne m'a orné de tels ioyaux,
Faut que la ſoif i'endure
Au pres quelques beaux ruiſſeaux

Que

Que ie cherche tant tant?   bis
    N'est ce pas pitié mes Dames
De voir escouler mon temps,
Sans combattre de mes armes
Que meritent mes beaux ans,
Dont i'endure tant tant.   bis
    Ie conseille aux ieunes filles
Qui se veulent marier,
De prendre des hommes habiles
Et plustost les essayer
Ils nous trompent tant tant.   bis

*Chanson nouuelle de quatre ieunes Dames qui
ont esté iouer à sainct Clou auec quatre gentils-hommes. dont ont laissé la hobille. Et se
chante, Tu t'en vas ma Mignonne, &c.*

O Iournee malheureuse
  Pour ces dames ycy,
Cruelle & dangereuse
Comme vous verrez cy,
C'est de deux Damoiselles

                                                  Et

Et de deux bourgeoifes auffi
Qui eftoyent fans fouci,
Elles furent accoftees
De quatre hommes bragards
Gentils hommes mignards,
 Les Dames que recite
Point ne les veux nommer,
Puis que du faict font quitte
Ils ne les faut blafmer.
Ils auoyent bonne enuie
Battre l'efcarpe aux champs
Auec quelque marchants,
Ou quelque mignon braue
Qui euft les cent efcus
Pour monftrer fes vertus.
 Ces quatre gentils-hommes
Riches & opulens,
Auoyent efcus en fomme
Pour rire plaifamment:
Ils ont deux maquerelles
Accoftees pour auoir
Ces femmes de vouloir,
Leur payant leur falaire

Sans

Sans vn mot trebuché,
Ont basty leur marché.
    Les Dames & damoiselles
Ayant ouy l'accord
De ces deux maquerelles
Qu'ils ont fait sans discord
L'afsignation braue
A sainct Clou c'est le lieu
Ou on ioüera le ieu,
A l'image sainct Claude
Fort nous resiouyrons,
Et chere nous ferons.
    Soudain enuoye vn page
Pour loüer vn bateau,
Pour faire le voyage
Dessus la courante eau,
Lors les Dames s'accoustrent
D'abits fort richément,
Et magnifiquement
Et parfont le voyage
Mignardant leurs amours
Veau rant sur le velours.
    Deux iours entiers ils furent,

A rire

A rire inceſſamment,
Mais point ils ne fonſerent
Aucunement d'argent,
Tant que ſe fache l'hoſte
Touſiours en demandoit,
Mais doux on l'appaiſoit.
Ce dit vn gentil-homme
Mon page s'en yra
Querir ce qu'il faudra.
  Le page fait la fainte
D'aller querir argent,
Mais c'eſtoit par contrainte
Qu'il falloit eſtre vrgent:
En deux iours ils depenſent
Bien quarante cinq francs
Treſtous enſemblement,
Alors les gentils-hommes
Attendant le diſner
Ils ſe vont promener.
Ils laiſſent la les dames
Apres auoir faict d'eux,
Voyla les doux reclames
Que font ces amoureux,

Enco

Encores ils les attendent,
Mais ils ont oblié
Le chemin pour payé,
On penſoit qu'à la paume
Ils fuſſent allé ioüer
Attendant le diſner.

   Lors le diſner s'appreſte
Meſsieurs ne viennent point,
Les Demes ſe contriſtent
De ſe voir en tel point,
Et par tout on les cherche
On ne les peut trouuer
Cela eſt approuué?
On va iuſqu'a Boulongne
Point on ne les a veus,
Ie croy qu'ils ſont perdus.

   L'hoſte vient faire conte
A ces Dames d'honneur,
Deuinez ſi la honte
Receurent dans le cœur:
Baſtelier & maquerelle
Enfermerent ſoudain
Pour en ſçauoir la fin,

Et puis les damoyſelles
Ont ioué ſans parlé
Au beau Roy deſpouillé.
   Chapperons robbe & cotte
Et pelicons de ſatin
Demeurerent à l'hoſte
Pour luy payer ſon vin
Et puis d'vn cœur rebelle
A pris le baſtelier
Et nud l'a deſpouillé,
Et perdit ſon voyage:
Mais grand chere il a fait.

Reſponce faicte par les Rochelois ſur la remon
   ſtrance à eux faicte, ſur le chant de la guerre faicte par l'Empereur au Turc.

N Oſtre pauure Rochelle
   Que tenons maintenant,
Vne guerre mortelle
A ſouſtins brauement,
Encore elle fleuronne
Souõs le nom des Vallois,

Pour eux & leur couronne
La tiendrons ceste fois.
    O noble Roy de France
Henry de grand valeur,
En toutte reuerence
Te tenons pour seigneur,
Oubliant les rauages
Et assauts perilleux.
Nous te faisons hommage
Comme vrais seruiteurs,
    Si n'eust esté cher Sire,
Qu'aux Rochelois ont dit,
Qu'on les vouloit destruire
Sans aucu contredit:
La ville eussent rendue
En vos mains d'vn bon cœur,
Et n'eussent soustenue
Des assauts sa fureur.
    Si nous faisons la garde,
Nous auons bien raison,
Et à nous prendre garde
De peur de trahison,
Pour vous & pour les vostres

Lagardons d'vn bon cœur,
Et des volontés noſtres,
Teſmoing eſt le Seigneur.
      Munitions de guerre
Auons pour ſeureté,
Sur les murs deuers terre
Et de l'autre coſté,
Tirant ſur la marine
Y a doubles canons,
Et bonnes colleuurine,
De quoy nous deffendons
      N'y a homme en ceſt eſtre.
Habitant en ce lieu.
Qui ne deſire d'eſtre
Sire à vous ſeruiteur,
Gardant ſur toutte choſe
De ſon Roy les Eſdicts,
A l'aduenir propoſe
N'y mettre contredicts:
      Ceſte ville & place
C'eſt bien le plus fort port,
Où nefs de toute place
Y viennent force apport,

De maintes marchandiſes
De loing viennent à foiſon,
Sire ce n'eſt la guiſe
La perdre ſans raiſon.

   Il nous deſplait, cher Sire,
De voir tant de trauaux
Dans France en tel martire
Plains d'infinis maux:
C'eſt trop tenir les armes
Au gre des pauures gens,
Retirez vous gens-darmes,
Iureurs & maugreans.

   Tous habitans de France
Tant nobles que vilains
Ne crains tu la puiſſance
Du Sauueur des humains,
Que tu veux faire guerre
Contre ton prince & Roy?
N'eſt-il pas Dieu ſur terre,
Malgré toy c'eſt la loy.

A   viure en paix tranquille,
Cela nous demandons:
De preſcher l'Euangile,

Chanson

A nul mal ne faisons
Estant l'vn auec l'autre
Chácun dvn bon accord,
Le seigneur nostre, est vostre,
Et nostre dernier port.
   Pour icy la fin faire
Sire nous concluons,
Sans iamais nous deffaire
Seruiteurs vous serons,
En toute obeissance
Vous tenons nostre Roy
Roy de pologne & France
Nous vous iurons la Foy.

S'ensuyuent les Adieux de la miserable guerre
Ciuile aduenue en ce Royaume de France
qui se commence,

A Dieu le champ à Dieu les armes:
A dieu les archers & gens-d'armes,
A dieu sourdines & clairons,
Puis qu'en paix nous en retournons.
   A dieu tabourins & trompettes:
A dieu enseignes & cornettes:

A dieu

A dieu pistolles & pistollets.
A dieu cuirasses & corselets.
    A dieu soldats & capitaines:
A dieu guerres trop inhumaines.
A dieu roussin aussi coursiers:
Adieu les grands cheuaux lanciers.
    A dieu vous dis cauallerie:
A dieu vous dis infanterie:
A dieu vous dis tous pistoliers,
Argolets & cheuaux legers,
    Adieu escalades & monstres:
A dieu charges adieu rencontres:
Adieu supprinses & assaux:
Adieu la guerre & ses vassaux.
    A dieu escortes embuscades,
Escarmouches & camisades:
A dieu bombardes & canons,
Puisqu'au logis nous retournons.
A dieu vous dis harquebusades,
Pistolles & les canonnades.
Quisont fort peu à regretter,
Et dangereuses à hanter,
    A dieu harnois & carrassines:

G 3   Adieu

Adieu cuirasses brigandines:
Adieu picques, adieu collets
Doublez soyent de buffle d'Allez,
Adieu bedellez, escourez,
Sentinelles, garde contez,
Qui nuict & iour faictes souuent
Souffrir froid, chaud & pluye, & vent.
Adieu ceux qui de froid se meurent:
Ou de chaud, & ceux qui demeurent:
Et forrez dedans vn bourbier
Quelque fois vn iour tout entier.
A dieu qui se sauue à la course:
A dieu qui a perdu sa bource,
Et son cheual, & son argent,
Et son valet trop diligent,
A dieu ceux qui l'ordre demandent,
Qui obeissent ou commandent:
A dieu qui estes vn grand tas,
Gens dedaigneux de vos estats,
A dieu qui vous voulez escrire
Dignes de regir vn Empire,
Et ce-pendant estes menez
Par ceux que trop peu estimez,

Adieu

A dieu ceux qui l'ordre ont receu:
Adieu ceux qui l'ont pretendu:
Adieu ceux qui n'en veulent point.
Sans attendre à quelque autre point.

Adieu ceux-la qui y esperent,
Et s'ils ne lont, qu'ilsy desperent:
Adieu ceux-la qui monstrent bien,
Cela est mien, & s'ils n'ont rien.

Adieu qui rauit, & qui pille,
A qui l'argent est fort vtile:
Adieu ceux la qui n'auoyent rien,
Qui par la guerre ont force bien.

Adieu ceux la qu'ont grand dommage
Par la guerre & par le pillage:
Tant qu'ayant de bien à foison,
Meurent de faim en leur maison.

Adieu ceux qui leur beaux faits vantent,
A dieu ceux qui se mescontantent:
Adieu ceux qui sont trop contens:
A dieu ceux qui plaignent le temps
Employé plus quen autre vsage,
A manger les gens de village:
Adieu qui se pleint & se deult:

G 4

Adieū

Adieu vous dy loge qui put.
   Adieu le bouger de la haye:
Adieu les feux de froide ioye,
Qui ſont à la pluye & au vent,
Ou l'on ſe mourfond bien ſouuent.
   Adieu le coucher ſur la dure,
Sans draps, ſans lict ne couuerture:
Adieu que pis vaut le coucher
   Tout armé n'ayant que maſcher,
   Eſtant dehors auec ſes bottes
Mouillees & pleines de crottes:
Adieu reuenus ou il faut
Endurer du froid & du chaut.
   Adieu tantes, a dieu cordages:
Adieu gougeats, a dieu bagages:
Adieu putains, qui en trauaux
Suyuez le camp par mons & vaux,
   Et pour vn petit de delice
Que vous Prenez en voſtre vice
Verolles & chancres prenez,
Des vns aux autres les donnez.
   De quoy aPres peine infinie
Se pert en fin ſanté & vie:

Et ie vous dis fort vigoureux,
Au pauure peuple dangereux.
   Qui luy gastez grain, vin, & paille,
Argent, bestial, lard & volaille:
Iusques au pain qu'on va mangeant:
Adieu vous dis faute d'argent,
   Dela guerre chere compagne,
Qui par, tout Pais l'acompagne:
Si bien qu'en guerre va deuant
Faute dargent le plus souuent.
   Adieu vous dis collets d'escaille,
Manches & chemises de maille:
A dieu alte de main en main,
Adieu vous dis iusqu'à demain.
   A dieu batailles ordonnees:
Adieu trahisons & menees:
Dequoy il en est plus d'effaits.
Quils n'est de plus valeureux faits.
   A dieu coup d'estoc & de taille:
A Dieu le marcher en bataille:
Adieu l'argent tort ou à droit,
Et la fille en chemin estroit.
   Adieu le suer sous les armes,

A dieu toutes les fortes d'armes:
A dieu les bleffez & ruez,
De qui les grands coups font ruez.
    A dieu guerre va hors de France,
Et nous ferons hors de fouffrance:
A dieu ceux qui s'en font fuis
Loing des coups, & ont eu du pis.
    Plus d'honneur trois fois vingt & quatre
Que ceux qui s'en font fait bien battre:
A dieu donc la guerre & les coups,
Qui n'engendre que lende & poux.

Chanfon nouuelle fort ioyeufe d'vne Dame de
    Paris, qui fe fait brinballer par vn ieune
    maiftre moine, par le bon vouloir de maiftre
    Iean fon mari, fur le chant, fus a coup qu'on
la reueille.

A Paris eft vne dame,
  Pour dieu ne la nommez pas,
Qui entend fort bien la gamme
De fe laiffer tomber bas,
Ell'a apprins la foupplefe

De ieunesse,
Qui est cause faire mettre
Le cul bas.

>Cela est bien mecanique,
Hicque hicque,
De se laisser ainsi mettre
Le cul bas.

La dame au cas idoine
Elle est enragee du tout
Apres vn diable de moine,
Pour luy arracher son bout,
Ie croy que chacun d'eux songne
La besongne,
Et qui monte sans le mettre
Sur le tas.

>Cela est bien mecanicque,
Hicque hicque, &c.

>*Reprinse.*

La dame pour bonne cause
Veut loger ce moine icy,
Car il a bon haut de chausse
Aussi elle dieu mercy,
Elle l'accolle & le baise

A fon aife
Tandis que Ion va à vefpre
Pas à pas.
  Cela eft bien mecanicque,
  Hicque hicque, &c.
 Or ie veux conter la farce
Du bon Ioannes, Dieu mercy:
Il n'empefche poinct la place
A cela eft endurcy:
Il s'en va à la cuifine
Quand on difne
Le moine demeure maiftre
Aux esbats.
  Cela eft bien mecanicque, &c.
 Lors la dame ayant la rage,
Dift pour le moine affeurer,
Monfieur prenous bon courage,
Commençons à fretiller
Mon mari entend l'affaire
Voire voire,
Ieluy feray bien promettre
Tout le cas.
  Cela eft bien mecanicque, &c.

Le moine par bonne guiſe
Se met tout nud en pourpoint,
Or ſus leuez la chemiſe,
Dame ne m'eſpargnez point,
Allons toſt, prenons courage:
Car i'enrage,
A ce coup feray paroiſtre
Double cas.

     Cela eſt bien mecanique, &c.

    Accollez moy dit la belle,
prenons noſtre paſſe-temps:
Serrez de pres, ce dit elle,
Puis qne nous auons le temps:
Ian voit alors comme on culle
Se reculle,
De peur de nuiſance mettre
Aux esbats.

     Cela eſt bien mecanique, &c.

    Dieu gard' de mal le bon homme,
Qui ſe garde de tel cas,
Et ne ſouffre point en ſomme
A vn tas de moines gras:
Car il ont dans leur brayette

                La

La mouchette,
Qui ſouuent cauſe de mettre
Le cul bas.

    Cela eſt bien mecanique, &c.
    Qui fit ceſte chanſonnette,
Ce fut vn bon compagnon,
Qui aimoit vne fillette,
Regardoit ce beau mignon,
Qui donnoit lors vne alarme
A la dame
Pour aller ſa mouche mette
Sur le tas.

    Cela eſt bien mecanique
    Hicque hicque
    De ſe faire ainſi battre
    Par le bas.

Chanſon nouuelle, ſur le chant, Ie vous
ſupplie oyez comment.

OR eſcoutez gentils galans
Tout par amour ie vous prie,
D'vne fille ſeulement,

Qui estoit cointe & iolie,
Qui s'en alloit l'autre iour
Chantant par si grand douleur
Elle disoit en sa chanson,
Ie m'en vay planter le cresson.
Ainsi qu'elle s'en alloit,
Vne proye a rencontree,
Rencontra vn beau galant:
Pas ne luy dit sa pancee.
A elle s'en alla de hait,
Et luy dit en peu de plaid,
Où allez vous Marion?
Ie m'en vay planter le cresson.
   Si ne le sçauez planter,
Ie vous apprendray la guise:
Sa robbe luy va leuer,
Son pelisson & sa chemise:
D'vne plante au bas rouget
Luy plantit son iardinet:
Puis luy a dit Marion,
On plante ainsi le cresson.
   Quand la fille eut senty
La douceur de ceste plante:

Elle

Elle luy dit mon doux amy,
Vers vous i'ay mis mon attente,
Ie n'ay amy ne parent
Que i'aime ſi parfaiƈtement,
Mieux vaut que tout auignon
La plante de ce creſſon.

   Onc iamais en mon viuant
Ne ſenti ſi douce choſe:
C'eſt dommage vrayement
Qu'vn tel galand ſe repoſe,
Si vous eſtes bon galois,
Commencez vne aurrefois,
Ie vous donray le renon
De bien planter le creſſon.

   Quand le creſſon fut planté.
En la iolie creſſoniere,
Le iardinier print congé
De la bonne iardiniere,
Luy diſant ſans nul ſeiour,
A dieu iuſques au retour,
Vous auez par ſainƈt Simon
Grande planté da creſſon.

Chanſon nouuelle de la prinſe de la Charité, ren
due en l'obeiſſance du Roy noſtre Sire, Et ſe
chante ſur le chant, Quand i'eſtoy libre, &c.

O Terre ô Ciel, voyez la grand detreſſe
Voyant l'aſſaut la grand fleur de nobleſſe,
Tant de Soldats François,
Doubles Canons de furieuſe audace
Sa grand furie des rempars nous dechaſſe
Tremblant d'vn grand effroy.

Ia la breſche auſſi le baſtillon
Tout renuerſé de grands coups de canons
Les ſoldats preparez
A nous monſtrer noſtre dol & fallace
Ie les vois tous de furieuſe audace
S'emparer des foſſez.

Et nous voyans les canons de furie
Briſſant, tuant, nous rauiſſant la vie,
Auons parlementé:
Prians le Roy d'appaiſer la furie
Voyans les murs briſez d'artillerie
Nous ont eſpouuantez.

H   Pre

Premier de May renduë fut la cité
Nous pardonnant de noſtre iniquité
Henry Roy treſchreſtien,
Et nous a mis ſoubs ſa protection
Chanter nous faut, ô grand Dieu de Sion
D'auoir receu tel bien.
    Monſieur d'Anjou Prince treſdebon-
naite,
Nous a ſeruy de treſfidelle pere
Nous prenant à mercy,
En ſauueté ſous ſa protection
Faiſant ceſſer la furie du canon
Qui nous euſt tous occis.
    Car ia eſtoit le baſtillon ſurpris
Et les rampars du tout aneantis,
Et beaucoup de ſoldats
Bleſſez, tuéz ſans aucune puiſſance.
De reſiſter n'auoyent point d'eſperance
Souſtenir les combats.
    Iamais iamais ne fut ſi grand furie
Car en trois pars donnoit l'artillerie
D'vn furieux tourment,
Nos rauelins, baſtillons & cauernes

Tou

Tous renuerſez gabions & poternes
Tirant inceſſamment.

Monſieur de Guiſe s'expoſa au hazart
Et à toute heure approchoit du rampart
N'auoir peur de la mort,
Dans les trenchees il eſtoit en perſonne
Ne craignant point l'artillerie qui donne
Ruynant tout noſtre effort.

Mais las en vain pour noſtre outrecui-
dance,
Mille trauaux ſont donnez en la France:
Tant d'enfans orpheline,
En vain helas eſtoit noſtre puiſſance,
De reſiſter contre le Roy de France
Toſt nous a mis à fin.

Mais ſa bonté a eu miſericorde,
Et n'a permis de faire aucun deſordre,
Violé n'ont eſté,
Femmes & filles ont eſté en franchiſe,
Prions Ieſus pource bon Duc de Guyſe,
Noſtre honneur gardé.

Car le haut Dieu qui tient tous ſoubs ſa
dextre,

En vn moment fera par l'vniuers
Viure deſſoubs ſa loy,
Tranquilité, vne paix & concorde,
Fera ceſſer les querelles & diuorſe,
Recognoiſſant ſon Roy.
    Prions le Roy Henry de grand valeur,
Puisque ſur nous a monſtré ſa faueur
En toute loyauté:
Prions ſans fin ce grand Dieu ſouuerain:
Nous proſternant priant à ioinctes mains
Nous tenir effacé.

Chanſon nouuelle d'vn Ingenieux qui penſo
    tromper vne dame, mais elle l'a mis au Ro
    deueſtus : Et ſe chante ſur le chant : A qu
    me dois-ie retirer, &c.

IE ſuis bien ingenié:
Helas c'eſt bien pauure deuiſe:
Car tout mon bien s'en eſt allé
Ie n'ay ſauué que la chemiſe:
Ie doy maudire paillardiſe
Qui m'a mis icy en tel point.

Ingenieux pour ma deuife
Y ay laiffé chauffe & pourpoint.
  Au mois de May tout iuftement
Ie fis à Sens mon arriuee,
Ie receu pauure payement
D'vne paillarde bien rufee,
Las il m'auint vne iournee
De la vouloir careffer,
Linceul & paille a apreftee:
Mais elle me l'a bien fait payer.
  Et moy pauure lourdibus
Ne fçauois de Sens la maniere:
Mais ie voy qu'il eft refolus
Que ie porte ainfi la banniere,
N'a pas efté iufque au iartiere
Que tout ny foit demouré,
Deffus la paille en vn derriere
L'ingenieux eftoit couché.
  Ayant fait vn grand feftin
Pour mieux aggreer à fa dame,
Luy faifant boire de bon vin
Pour tafcher d'enflamber fa flamme:
Mais il demeura tout infame

Car trop il c'eſt endormy,
Eſtant couché aupres ſa dame
Sans dire mot congé a pry,

La nuictee ne fut ſi longue
Que l'ingenieux euſt penſee,
En reſuaſſent en ſon ſonge
La penſoit tenir embraſſee:
Mais la dame eſtoit ruſté
Eſcoutant tout ſon babil,
Touſiours elle eſtoit en penſee
De fripponer tous ſes habis.

La Dame d'vn cœur gaillard
En deligence elle a fait voille,
Laiſſant dormir le couard,
Emportant ſon linceul de toille
Luy a laiſſé pour toute voille
De la paille à grand monceaux,
C'eſt la façon de noſtre ville,
I'en prens par tout il ne m'en chaux.

L'ingenieux ſe reueillant
Il penſoit ambraſſer la Dame,
Et ſi diſoit en reuaſſant
Approchez vous de ceſte flambe:

Mais il peut bien encor attendre
Et si fut fort estonné
Se voyant en grand diffame
Car la Dame a escampé.
    L'ingenieux bien estonné
Qu'il n'auoit aucune despouille,
Que sur la paille estoit couché
Barbotant comme vne grenouille,
Vne voisine debonnaire
L'a secouru à son affaire
L'ingenieux l'a prié se taire
Luy disant de n'estre aduersaire.
    La femme d'vn cœur gaillard
Elle se print si fort à rire
Quand elle a veu son chouard
Qui luy pendoit par le derriere
Et luy donna vne chemise
Pourcacher sa pauureté,
L'ingenieux pour sa deuise
Dessus la paille estoit couché.
    I'aduertiray vn chacun
Qui veut faire amie nouuelle,

De ne s'amufer au tetin
Ny regarder fi elle eft pucelle
Ou bien qu'il aille à la Rochelle
Entres les freres frequenter,
Car fe font gensinfideles
Qui ne s'ingerent qu'à tromper.

*Chanfon nouuelle , fur la refiouiffance de
la Paix, Et fe chante fur le chant
de Frere grifard, &c.*

La paix.

SVs bon temps qu'on fe refueille,
Il n'eft plus temps de dormir,
Qu'on reueille la bouteille
Qui nous fait tant refiouir,
La guerre eft enfeuelie
Et tous fes efforts:
Car Dieu par la Paix iolie
La pouffee dehors:

La France.

Mais qui eftes vous pucelle
Qui me venez efueiller?

Laiffez

Laiſſez moy encores la belle
Vn peu de temps ſommeiller,
Ie ſuis en ſi grand ſouffrance,
Ie ſens tant de maux,
Que ie pers la patience
De mes grands trauaux.

La Paix.

Ie t'anonce la nouuelle
Qui te pourra contenter,
La nouuelle la plus belle
Que tu ſçaurois ſouhaitter,
Ie te dis la Paix eſt faite
Reueille toy donq,
Ie te dis la plus parfaicte
Que l'on ne veid onc.

La France.

C'eſt doncques Dieu qui m'enuoye
Sur mon malheur ce grand bien,
Qu'on face les feux de ioye
Quant à moy ie le veux bien,
Or ſus donc que l'on s'aduance,
Ie ſuis bien contant

H 5   Mener

Mener la premiere dance
Et boire d'autant.

La paix.

Entre vous noble aſſiſtance,
Aſſemblee dedans ces lieux,
Ayez parfaicte fiance
A Ieſus noſtre grand Dieu,
Iamais ne nous abandonne,
Mais de nous a ſoing:
C'eſt luy qui la paix nous donne
Quand il eſt beſoing.

La France.

Il nous le faut cognoiſtre
D'vn cœur deuoſt & parfait,
C'eſt Ieſus noſtre bon maiſtre
Qui ce grand bien nous a fait:
Il nous le faut auſſi croire
Veritablement,
C'eſt luy qui la paix nous donne
Quand il en eſt temps.

La paix.

Nous prierons treſtous enſemble
Pour la lignee des Vallois,

Que

Qne nous tienne en asseurance
ous l'heureux don de la paix,
is qu'ils ont fait la promesse
ous y maintenir,
ions tous en allegresse
s viure en soucy.

L'Autheur.

Qui a fait la chansonnette
st vn fort bon compagnon,
ant en vne chambrette
rejouyssant du don
l'heureuse paix en France,
ayant les discords,
n ayant bonne esperance
Nous voit tous d'accord.

Chanson nouuelle.

L'Autre iour parmy ces champs
Oyant des oyseaux le chant,
encontray en mon chemin
n gorgias musequin
Vne ieune fillette,

Mis

Mis la main ſur ſon tetin
Luy brouilly ſon parchemin
Car elle eſtoit ſeulette.

   Quand la fillette entendit
Le ieu d’aymer vn petit,
Elle m’a dit ſans plus de plaid
Recommancez s’il vous plaiſt,
Ie ſuis toute rauie:
A l’ombre d’vn buiſſonnet
Chante le Roſſignolet
Menant ioyeuſe vie.

   Amie quand vous reuerray
Mon bel amy ie ne ſçay,
Venez ſouuent au quartier
Reuiſiter le pſautier,
Point ne vous faut de courrier,
Ie vous ayme de cœur entier
Comme la voſtre amie.

   Quand noſtre ieu ſi fut faict
Et que i’eus ſon plaiſir parfaict,
Elle m’a dit mon amy
Reuenez ſouuent icy,
Bien m’auez acollee,

Nous osterons tout soucy
De ioye i'ay le cœur transy,
Voltre amour fort m'agree.

Complainte.

O Dure cruauté de mon sort malheu-
	reux,
Qui d'aise vous baignez, ô dueil qui m'im-
portune:
Voulez vous que ie prenne ô regrets lan-
goureux
Le diuers changement d'amour & de for-
tune.
Aussi ie pers helas celle qui cherement
Amour me faict seruir, les cieux ont bien
	enuie
Me priuer de tout aise, pour loger vn tour-
	ment
Dans moy pour boureller ma miserable
	vie
Amour sçais tu pas bien de quelle fer-
	meté

I'ay

T'ay fait y a long temps tresfidelle ſeruice,
Si voſtre flamme eſt ſaincte & vous plein
    d'equité,
Vous ne deuriez ſouffrir qu'on me la ra-
    uiſſe,
    I'appelle à mon ſecours les animaux des
    champs,
A dire ſi dans moy, ont logé inconſtance:
Et vous trouppe mignarde d'oyſillons par
    vos chants,
Teſmoin de mes ennuis ma peine & ma
    ſouffrance.
    Les rochers & les boys, les antres & les
    prez,
Lesruiſſeaux decoullans par mainte belle
    pleine,
Le mal que vous decouure, ô beaux champs
    diaprez,
Soyez donques teſmoings à mes fidelles
    peines.
    Et ſi le haut Echo ſe veut fidellement
Souuenir de mes cris, elle pourra redire
Qu'autour ſa roche creuſe a peu iournel-
    lement

lement

Rechanter le malheur de mon piteux mar-
    tire.

Ie veux dix mille morts souffrir sans con-
    tredit,

Et que dans vn cachoit cepédant l'on m'en-
    ferme

Si d'vne voix gaillarde elle n'asseure &
    dit

Qu'au monde il n'y a point vn seruiteur
    plus ferme

Puis que ie suis aux cieux ainsi prede-
    stiné,

Que par trop fermement seruir de cœur &
    d'ame,

Apres ma longue peine vous ayez ordon-
    né

Que ie viue en ennuy & qu'vn autre ayt
    ma dame.

Que ie despite amour son arc & son
    quarquois,

Et les traits si cruels que contre nos cœurs
    tire,

Quē

Que ie briſe ſon ſceptre & deteſte ſes loix,
Que ie mandie auſsi l'eſtat de ſon empire,
Que i'arrache du front de ce cruel ty-
rant,
Le voille qui nous cloſt le ciel quand il nous
trompe,
En me vengeant d'icelle qui me va mar-
rant:
I'eſteigne ſon flambeau au milieu de ſa
pompe.
Que i'appréne à tous ceux qui font eſtat
d'aymer,
Que Cupido le Dieu ſi douxcomme on le
crie,
Dont il eſt d'abordee, eſt en fin tres amer,
Ainſi l'ay-ie eſprouué croyez le ie vous
prie.

Gelodacrie amoureuſe, de Claude de
Pontoux Chalonnois.

Beneiſt ſoit l'œil noir de ma Dame
Par qui i'eu l'amoureuſe flame,

Beneist soit qui l'amour trouua,
Beneists soyent l'amorce & la mesche,
Le carquois,& l'arc.& la fleche,
Et qui premier les esprouua.

  Ce petit dieu qui fait la guerre
Au cœurs,est ores sur la terre
Dedans tes yeux se pourmenant:
Et de la son traict il decoche
A celuy la qui s'en approche,
Comme ie preuue maintenant.

  Mais,las.Madame,que ie treuue
Benigne & douce ceste preuue,
Par qui ie me sens vigoureux,
En contemplant ta belle face
En admirant ta bonne grace,
Qui me fait estre tant heureux

  Ie voudrois auoir mille langues,
Afin de faire mill'harangues
Pour immortalizer ton nom:
Hé dieu que n'ay ie la faconde
Pour pouuoir dire à tout le monde
La valeur de ton grand renom.

  Hé Dieu que ne suis-ie vn Apelle,

                I   Pour

Pour peindre ta face tant belle,
Ton front yuoirin, tes beaux yeux,
Et ta belle treſſe doree,
Ya bouche vermeille & ſucree,
Où giſt tout l'eſpoir de mon mieux.

Tu es celle qui me peux faire
Heureux, ſi tu m'es debonnaire,
Et ſi tu veux que dans ton cœur,
Et que dans tes yeux point n'habite
Le deſdain, ny l'ire deſpite,
La cruaute ny la rigeur.

Tu es toute ma confiance.
Tu es toute mon aliance,
Tout mon eſpoir, & tout mon bien,
Sans toy ie ne puis l'amour ſuiure,
Sans toy helas ie ne puis viure,
Sans toy helas, ie ne puis rien.

En toy i'ay mis mon aſſeurance,
En toy i'ay mis mon eſperance,
En toy i'ay mis tout mon confort,
En toy i'ay mis ma douce enuie,
En toy i'ay mis toute ma vie,
En toy i'ay mis toute ma mort.

Tu

Tu es seule ma renommee,
Tu es seule ma bien aimee,
Tu es seule mon doux esmoy,
Tu es seule ma desiree,
Tu es seule ma Cytheree,
Que i'aime beaucop plus que moy.
  Pluſtot l'hyuer n'aura froidure,
Pluſtoſt l'eſté n'aura verdure.
Pluſtoſt n'eſclairera le iour,
Pluſtoſt la mer ſera ſans onde,
Pluſtoſt abyſmera le monde,
Que ie delaiſſe ton amour.
  Amour n'eſt que toute lieſſe,
Amour n'eſt que toute alegreſſe,
Amour n'eſt que tout paſſetemps,
Amour n'eſt que miſericorde'
Amour n'eſt que paix & concorde,
Quand les deux partis ſont contens.
  Mais au contraire il n'eſt que peine,
Qu'vn dueil, qu'vn ſoucy qui nous geine,
Qu'vne perpetuelle mort.
Qu'vne rigeur qu'vne triſteſſe,
Qu'vne langeur, qu'vne detreſſe,

I   2

Quand

Quand l'vn ny l'autre n'eſt d'acord
Celuy qui n'aime en ſa ieuneſſe:
il faut qu'il aime en ſa vieilleſſe:
Mais helas vieilleſſe ne peut,
Et la ieuneſſe ſuffiſante
Ne ſçcait quand le temps ſe preſente
Iouyr de ce poinct qu'elle veut.
Et puis l'occaſion paſſee
Nous ne pouuons noſtre penſee
De dueil & regret garantir:
Mais quand ne peut eſtre rendue
La ioye d'vne heure perdue,
Le temps n'eſt de s'en repentir.
L'occaſion eſt de poil nue
Derrier la teſte, & cheuelue
Par deuant, où ſes poils ſont tous:
Il nous la faut donques attendre
Par deuant pour ſoudain la prendre,
Quand elle ſe preſente à nons.
Aime moy donques ma mignone,
Ma toute belle & toute bonne,
Tandis que la ieune ſaiſon
De cueillir la fleur tendrelette,

Au verger d'amour doucelette
Espoinçonne noſtre raiſon.
   Si tu crains de ne me cognoiſtre,
Mets toy donques a la feneſte,
Et tu cognoiſtras qui ie ſuis :
Ie ne demande qu'vne œillade
Pour recompenſe de l'aubade
Que ie ſonne deuant ton huis.
   Tu n'es pas donques endormie :
Bon ſoir mon cœur bon ſoir Mamie,
Bon ſoir ma Diane, bon ſoir,
Bon ſoir mon bel œil que i'adore,
Demain au reueil de l'Aurore
I'aurey plus loiſir de te voir.

Chanſon nouuelle.

I'ay acquis vne maiſtreſſe
Que ie veux ſeruir ſans ceſſe
Car ſa beanté nompareille
Et ſa fermeté,
En leſprit me renouuelle
Franche liberté.

Liberté peux-le dien qire,
Quand tout le bien ou i'aſdire
Deuant mes yeux ſe preſente,
Et me fait ſentir,
Que ma trop honneſte attente
Ne me peut fuir.

C'eſt choſe aiſee à entendre
Qu'on ne pert rien pour attédre
Vn bien qui ſe recompenſe
Tout en vn moment:
Car l'honneſte patience
Y ſert bien ſouuent

Quand ma maiſtreſſe i'auiſe,
Et ſa beauté tant exquiſe,
Ie la voy toute celeſte,
Dieu l'a fait ainſi:
Sa façon & modeſtie
Le teſmoigne ainſi.

Ses perfections ſi grandes,
Et ſa vertu me commande,
Que ie la ſerue & honnore
D'oreſnauant,
Comme celle que i'adore

Plusque vray aimant.
     Viuent ceux qui se confient
En amours, & quis' y fient.:
Car qui aime d'amour fainte,
N'aime point l'honneur :
La foy n'est bonne ne saincte
D'vn tel seruiteur
     Son absence me tormentee
Son amour fort me contente
Voire quand ie ne l'auise
Tout aupres de moy,
Pour nous oster de martire
D'entre elle & moy.
     Si par grande patience
Et suffisante constance
I'ay enduré tel martire
Il me sied fort bien,
Quand ie ne l'ay voulu dire
A qui il apartient.

Responce á la precedente.

OR ne dois estre reprise
D'auoir prins sans estre reprise

Vn Qui fait ma renommee
Claire comme vn iour,
Eftant de luy bien aimee:
Or viue lamour.

   Voyant fon amour fi grande,
Le deuoir fi me commande,
Qu'il faut que foye fienne
En defpit de moy:
Voyant fon honnefte vie
Et fa ferme foy.

   Mainte fois i'ay mis arriere
Sa requefte & fa priere:
Mais fa grande patiance
A vainqu mon cœur:
Donc par fon obeiffance
I'ay vn feruiteur.

   Seruiteur Peux-ie bien dire,
Qu'onques n'a voulu eflire
Autres que moy pour maiftreffe
Ie l'ay bien cougneu:
Donques fera il fans ceffe
Le trefbien venu.

   Mon œil tant le fauorife

Lors

Lorsque sa beauté i'auisé,
Quil me semble que celeste
Tousiours a esté
Donc heureuse me dis estre
De l'auoir hanté,
   Son amour fort me contente,
Son absence me tourmente,
Voire quand ie ne lauise
Tout au pres de moy:
Donc ie suis du tout esprise
En despit de moy.
   Or pren donc pour recompence,
Mon cœur plein de patience
Afin que ton grand martire
Se change en douceur,
Puis que mas voulu eslire
Te liure mon cœur.
   Qui a fait la chansonnette
Vne dame tant honneste:
Mais son nom ie n'ose dire
Sachant sa douleur,
Elle souffre grand martire
Pour son seruiteur.

I 5

Chanson

Chanfon nouuelle

BElle qui me vas martirant
Et qui me fais chan ter
Ainfi qu,vn cygne fe mou rant
Vueille-moy efcouter
Helas n'auray-ie le pouuoir
De ta rigueur à pitié efmouuoir

Le iour que de toy fus efpris,
Fut pour moy douloureux:
Trop ardans furent mes efprits
Deftre faits langoureux:
Ie deuois premier que d'aimer
Sauoir qu amour eft vn cruel amer.

Amour aft né d'vn dur rocher,
Dedans moy eft venu,
Defque mon cœur vient æpprocher,
Tourmens me font venus
Qui en cela n'a efté arrefte,
Eft faict efclaue,& pert la liberté.

Si l'ombrage des arbriffeaux,
Ny les douces chanfons,
Que chantent fur le bort des eaux
Linottes & pinfons,

Ne peuuent flater ma langeur,
Ny alleger ma cruelle douleur.
　Ma toute belle que dis tu
prendras-tu donques plaisir,
De si grand tristeff abatu
La mort me vient saisir:
Si tu fais mourir tes amis,
Que ponrras tu faire à tes ennemis?
　Quand l'aurore donne le iour,
Ie compte mes douleurs,
Et quand la nuict faict son retour,
Ie me consomme en pleurs:
Les bois, montaignes, & forest
Sont les tesmoins de mes triste regrets,
　Chanter ne saurois nullement,
Ny rendre descouuert
Les peines, douleurs & tourment
Que i'ay pour tes yeux verts
Non quand i'aurois la douce voix
Du rossignol, qui se complaint au bois.
　Cruelle de te dire à Dieu
Ie voudrois m'aprester:
Mais amour te fait au milieu

De mon cœur arreſter,
Ie ne ſuis loing de mon treſpas.
Encor de moy pitié tu n'auras pas.
    Tant plus tu me vois larmoyer,
Te deſcouurant mon mal,
Plus ie m'efforce de plorer,
Tu le recognois mal
Tu te monſtres vers ton amant
D'vn cœur plus dur que n'eſt le diamant
    Mais ſi tu n'as de moy pitié,
Bien toſt me verras mort:
Lors deffaudra mon amitié
Dont tu auras remord:
Tu plaindras ma grad loyauté
Et blaſmeras ta fiere cruauté

Autre chanſon

IL eſtoit vne fillette,
  Qui voul oit ſcauoir le ieu d'amours,
Vn iour la trounay ſeeulette,
Ie luy en monſtray deux ou trois tours:
Apres auoir gouſté des coups,

Elle

Elle m'a dit bas en riant,
Le premier coup me sembla lourd:
Mais la fin me sembla friant,
Ie luy dy, vous me tentez:
Elle ma dit, recommencez:
Ie l'empoigne, ie l'embrasse,
Ie la fringue fort:
Elle crie, ne cessez:
Ie luy dy vous me gastez:|
Laissez moy petite garse|
Vous auez grand tort.
Mais quand ce vint à sentir le doux poinct,
Vous l'eussiez veu mouuoir si doucement,
Que son las cœur en tréble fort & poinct:
Mais, Dieu merci, c'estoit vn doux tourmét.
   Le soir d'apres la fillette
A veu la lune à son decours,
Enuoya Marionnette,
Prian qu'on luy donnast secours,
Et qu'elle estoit en grans amours
Deuant le dieu d'amour priant:
Faisant les regrets & clamours
A deux genoux le requerant:

                         Venez

Venez, mon amy, venez,
Venez, que ie vous embraſſe
Iuſques à la mort :
Et nous mettons nuds à nuds,
Et nous ioignons pres a pres :
Trique, traque, ſique ſacque,
A grands coups bien fort :
Mais ſur la fin la camuſette vit
Que ie faiſois d'elle département :
Elle me dit, l'amant qu'ainſi vit,
Paſſe le temps en amour aiſement.

Autre chanſon.

HElas que vous a fait mon cœur,
Ma dame que le hayez tant ?
Vous me tenez telle rigueur,
Certes ie n'en ſuis pas contant :
Mon cœur va touſiours ſouſpirant,
Du regret de ſa mie,
Et voſtre ſecours ie n'attens :
Mon eſperance fine, helas :
Si me voulez tenir rigueur,

Madame, qui l'endurera?
Faire mourir vn seruiteur,
Ie croy qu'il vous en desplairra,
A tout le moins il languira,
Pour le mal qu'il endure:
Mais vostre amour l'en guerira,
C'est la vraye medecine, helas:
    Si ne me voulez secourir,
Mieux il vaudroit mes iours finir
En peine, en pleurs, & en soucy,
Que demeurer tousiours ainsi:
En lieu de chanter pour plaisir,
En resemblant le cygne,
Qui chante quand il doit mourir
Et sa grand ioye definie, helas:
    Si vous m'auez congé donné,
Vous m'auez faict vn grand plaisir,
Car i'estois bien deliberé
De vous planter pour reuerdir
Eu mileu de vostre iardin,
Qui est plein de malice,
Qui vous voudroit entretenir,
Il faudroit qu'il fut riche, helas:

                              Qui

Qui vous voudroit entretenir.
Il faudroit qu'il fut bien mignon,
Et qu'il sceut bien le ieu d'aimer,
Pour soy garder de vos lardons:
Helas, ce n'est pas la façon
D'vne si belle fille,
De se moquer des compaignons,
Quand ils n'ont plus d'amie, helas:
   Nully ne me peut secourir,
Ma dame si ce n'estoit vous,
Mon cœur aimeroit mieux mourir,
Que de chercher ailleurs amours:
Vos yeux en ont fait leurs iours courts,
Tant vous estes benigne,
De tous espoirs que i'ay d'amours,
Vous estes la racine, helas,

Chanson nouuelle.

IE suis marry ma maistresse
De ce que aimez vn sot.
Qui vous donnera tristesse
A la fin pour reconfort.

Ne sois faché ie te prie,
Car en vain tu pers ton temps
De te donner fascherie
Pour celuy que ie pretens.

  Mon esprit ne peut comprendre
Cognoissant ton bon vouloir,
Qu'à vn sot vueilles entendre
Meritant de mieux auoir.

  Autre que toy ie merite,
Pour cela tu dis bien vray:
Dont pour cela ie te quitte,
Autre que luy ie n'auray.

  Est il raison que tu laisses
Moy qui te sers loyaument,
Pour prendre vne grosse beste
Ou tu n'auras que tourment?

  Or laisse ie te supprie
De blasmer celuy qui vaut
Mieux que toy ie t'en asseure,
Car vn seul point ne s'en faut.

  Si l'on te dit qu'il soit riche,
Ils le font pour t'abuser:
Encor que ce ne soit vice

Il ne t'en faut pas vſer.

Richeſſe point ne gouuerne
L'amitié que i'ay en Luy,
Ny auarice moderne
Que oncques ne me ſuyuit.
I'appelle auarice vice,
Ennemye de vertu:
Veux tu captiuer ta vie
A iamais pour des eſcus?
Sa façon fort me contente,
En vain tu dis tout cela:
En moy n'ayez plus d'attente,
Car de moy il iouyra.

S'il aduient que tu l'eſpouſe,
Il iouïra de ton bien:
Plus parler à toy ie noſe,
Il t'en gardera fort bien.

Il ſe fera ie t'aſſeure
Auant qu'il ſoit peu de temps,
Ce n'eſt pour or ny vſure,
Ny pour rien que tu pretens.

S'il aduient que tu le faces,
A dieu ma maiſtreſſe a Dieu,

A dieu donc ta bonne grace,
Plus ne te verront mes yeux.

Ie te remercie de la peine
Qu'il t'a pleu prendre pour moy:
Car certes d'amour certaine
Il n'y en point en toy.

Or ie te prie de grace
Aussiferay-ie de de boncœur,
Que tu soyes ma maistresse
Et feray ton seruiteur.

Adieu donc douces parolles
Adieu donc ton beau parler.
Adieu à dieu donc encores
Plus ne te verront mes yeux.

Chanson nouuelle.

Pour voir ma fin toute asseuree
Que vos rigueurs ont preparee
Iene me plains aucunement:
Car veu la douleur qui m'offence,
La Mort venant soudainement
Me tiendra lieu de recompense.

 Sans

Sans plus pour mes yeux ie me plains,
Ces yeux qui vous ont veu fi belle,
Priuez d'vne lumiere telle
Faut il helas qu'ils foyent eftaints.

Faut il aufsi que mes oreilles
Apres tant de doaces merueilles
Rauiffans l'efprit bien heureux,
Pour iamais demeurent fermees,
Sans que vos propos amoureux
Les puiffent plus rendre charmees.

Ce m'eft vn ennuy trop amer
Qu'il faille que ce cœur periffe
Qui fut nay pour voftre feruice,
Et qui ofa bien vous aymer:
Mais en ce regret qui m'affolle
Peu à peu ie me reconfolle
Penfant que c'eft voftre vouloir:
Car puisque ma mort vous eft chere,
Ie n'ay garde de me douloir
D'vne chofe qui vous peut plaire.

Chanfon nouuelle.

Auez vous ce que ie defire
Pour loyer de ma fermeté?

Que

Que vous puiſsiez voir mon martyre,
Comme ie voy voſtre beauté.

  Le Ciel ornant voſtre ieuneſſe
De ſes dons les plus precieux.
Pour mieux me monſtrer ſa richeſſe
M'eſclaira l'eſprit & les yeux:
Touſiours depuis ie vous admire
D'vn œil tout en vous arreſté:
Mais vous ne voyez mon martyre
Comme ie voy voſtre beauté.

  Maudite ſoit la cognoiſſance,
Qui m'a couſté ſi cherement:
Ma douleur n'a eu ſa naiſſance,
Que d'auoir veu trop clairement.
Las i'ay bien raiſon de maudire
Ce qui perdit ma liberté,
Puis que ne voyez mon martyre
Comme ie voy voſtre beauté.

  L'aueugle enfant qui me commande
Qu'on nomme à tort dieu d'amitié,
Les deux yeux comme à luy vous bande,
A fin que ſoyez ſans pitié,
Il le faut:car i'oſe bien dire

Que n'auriez tant de cruauté,
Si vous pouuez voir mon martyre
Comme ie voy voſtre beauté.

Si le ciel de voſtre viſage
Luit de mille perfections,
Il n'en peut auoir d'auantage
Que mon cœur a de paſſions:
Il pleure il gemit il ſouſpire,
D'amour nuict & iour tourmenté:
Helas voyez donc mon martyre
Comme ie voy voſtre beauté.

Ie me plains d'auoir trop de veuë
Moy qui me puis voir ſeulement
Parmi tant d'ennui qui me tue,
Vn ſeul trait de contentement.
Aueugle au bien ie me puis dire,
Et au mal trop plain de clarté,
Ne pouuant rien voir que martyre
Au miroir de voſtre beauté.

Puis qu'on gariſt par ſon contraire,
Tout l'eſpoir que ie puis auoir
Eſt de ſortir de ma miſere
Lors que ie ceſſeray de voir,

A la mort donc ie me retire
Pour rendre mon mal limité,
Lors si ne voyez mon martyre
Ie ne verray vostre beauté.

Chanson nouuelle.

LE mal qui me rend miserable,
Et qui me conduit au trespas
Est si grand qu'il est incroyable,
Aussi vous ne le croyez pas.
    Amour qui des yeux a naissance,
Court aussi tost vers le desir,
Se conserue auec l'esperance,
Et trouue repos au plaisir:
Mon amour est d'vne autre sorte,
Le desespoir la rend plus forte,
Elle renaist de son trespas,
Perdant elle acquiert la victoire,
C'est vne chose forte à croire,
Aussi vous ne le croyez pas.
    Tout ce que l'vniuers enserre
Tend au bien, le cherche, & le suit,

Le feu, l'air, les eaux, & la terre,
Et tout ce qui d'eux eſt produit
Moy ſeul de moy meſme aduerſaire
Ie cours à ce qui m'eſt contraire,
Et ne fuy rien tant que mon bien:
Ie rens ma douleur incurable,
Mais pource qu'il n'eſt pas croyable,
Ma Dame, vous n'en croyez rien.

Si i'aymois à l'accouſtumee,
Ie croy qu'il ſeroit bien ayſé
De iuger mon ame enflammee
Par quelque ſouſpir embraſé.
Si toſt qu'vn autre amour commence,
Elle apparoiſt, chacun le penſe,
On la cognoiſt, on en faict cas:
Mais le feu qui met en cendre,
Eſt tel qu'il ne ſe peut comprendrendre,
Auſsi vous ne le croyez pas.

Il n'y a regret ny triſteſſe
Qui trouble ſi fort vn amant,
Que de voir celle qui le bleſſe
Ne croire rien de ſon tourment
Et c'eſt ce qui plus me conſole:

Car

Car si mes pleurs ou ma parole
Ma douleur pouuoyent asseurer,
Ce me seroit fort peu de gloire
Qu'elle fust si aysee à croire,
Estant si forte à endurer.

　　Le mal qui me rend miserable,
Et qui me conduit au trespas
Est si grand qu'il est incroyable,
Aussi vous ne le croyez pas.

Chanson nouuelle

Pour faire qu'vne affection
Ne soit suiette à l'inconstance,
Il faut beaucoup de cognoissance
Et beaucoup de discretion.

I E suis bien d'auis qu'vne Dame
Ne doiue aysement s'asseurer,
Qu'vn ieune Amant garde sa flamme
Pour le voir plaindre & souspirer:
Car presqu'aussi tost qu'il commence,
Le refus ou la iouyssance

　　　　　　　K 5　　　　Estei

Esteignent ses feux si cuisans,
Et n'y peut auoir d'asseurance
Qu'il n'ait passé deux fois douze ans.
　Et puis la ieuuesse indiscrette
Brulant d'amoureuse chaleur,
Ne sçauroit tenir secrette
Vne ioye ou vne douleur:
De ses faueurs elle se vante
Prompte, desdaibneuse, arrogante,
Rien ne s'y peut voir d'arresté,
Et son ame est plus inconstante
Qu'vn flot deça delà porté.
　I'estime aussi peu receuable,
Au moins pour durer longuement,
C'est ardeur qu'on croit veritable
Du premier regard s'allumant.
L'amour est foible à sa naissance,
Mais le temps luy donne accroissance
Et le guide à perfection.
Il faut donc de la cognoissance
Pour fonder vne affection.
　Mais sur tout qui veut viure heureuse,
Là grandeur ne doit estimer.

L'amour

L'amour des grands est dangereuse
Et ne se peut assez blasmer,
Suiette au bruit & à l'enuie,
De mille ennuis elle est suiuie:
Celle qui s'y veut hazarder,
Se trouue à la fin asseruie
Au lieu qu'elle doit commander.
  Chacun d'eux de soy tant presume
Qu'il pense estre aymé par deuoir:
Ils bruslent comme on les allume,
L'œil d'autruy les fait esmouuoir:
Et des que leur ame est esprise,
Fureur guide leur entreprise,
Tout conseil arrierre est laissé,
Puis ne font cas apres la prise
Du bien qu'ils ont tant pourchassé.
  Suiuez le conseil des deesses,
Qui n'ont aymé si hautement:
Et puis que vous estes maistresses,
Retenez le commandement.
Fuyez aussi toute accointance
De ces mugets pleins d'apparance,
Qui se paissent de vanité,

Et qui fondent leur recompenſe
Plus au bruit qu'en la verité.

Si quelque heur en amour ſe treuue
Il vient d'auoir bien ſçeu choiſir,
Et ſur vne conſtante preuue
Auoir arreſté ſon deſir.
Celuy qui garde en ſa penſee
Vne amour de loing commencee,
Touſiours ſagement retenu,
Et qui ne l'a iamais laiſſee,
Merite eſtre bien reconu.

Celuy qui diſcret & fidelle
Sans gemir s'eſt laiſſé bruſler,
Et à qui la peine cruelle
N'a iamais rien fait deceler,
Qui cache au dedans ſon martyre,
Que la peur d'aymer ne retire,
Et trouue au mal contentement:
Tel ſeruiteur ſe peut eſlire
Sans auoir peur du changement.

Chanson de la prise de Chasteau double en Dau
phiné au mois de Mars. 1579. Sur le chant
de, Petit Rossignolet sauuage, &c.

Rossignolets des boys sauuage,
Qui chantez si mignardement
Allez suyure tous les passages,
Et dictes le bannissement
De celuy qui par monts & vaux,   bis
Ha faict vn million de maux.
C'estoit vn qu'on nommoit la Prade,
Qui dans Chasteaudouble estoit
Accompagné d'vne brigade
Mieux logez qu'il ne meritoit,
Car de tous les plaisirs mondains
Ils en auoyent entre leurs mains.
D'ailleurs la place estoit si forte,
Que chacun est fort estonné
Comme il s'est rendu de la sorte,
Sans que le canon eut donné,
Deux mille coups encor c'est peu,
Pour la forteresse du lieu:
Car de bled, de vin, & farine,

Y en

Y en auoit ſuffiſamment,
De l'eau, de chair & poudre fine
Et de l'auoyne honneſtement,
   L'occaſion de leur malheur,
   Ce fuſt faute d'auoir bon cœur.
Il y en ha qui veulent dire,
La cauſe qu'il s'eſt rendu.
C'eſt pour ce qu'on luy fiſt eſcrire,
Pour entendre le deſaueu
   Deſdiguieres & ſes ſuppoz,
   Leſquels luy tournoyent tous le dos.
Mais il faut croire le contraire:
Car c'eſt Ieſus-Chriſt tout puiſtant
Ayant la plainte populaire,
Aueugla ce loup rauiſſant
   Qui ſut en fin abandonné,
   De ceux qu'à luy c'eſtoyent donné.
Voyla qui peut ſeruir d'exemple,
A beaucoup de pauures ſoldats
Qui pour la cauſe ont mis en branle
Leur vie en mille hazards,
   Et au lieu de le ſecourir,
   Taſchoyét de le faire mourir,

Vn tas de chefs de celle cause,
Qu'on ha veu n'auoir pas six blancs
Il faut qu'asteure dire i'ause,
Paent à million de francs
  Et le pauure soldat n'aura,
    Que l'espee tant qu'il viura.
Ie leur demande en conscience,
D'où est sorty si grand tresor
Et s'ils n'ont du peuple de France,
Dedans leurs cœur quelque remord
  D'auoir mis bas & tout à plat,
Tous ceux qui sont du tiers estat.
Ne cognoissez vous pas la game,
Et la ruze de tels galans
Qui vous viennent dire mon ame,
Ie viens d'estre aduerty des grans,
  Que pour bien nous entretenir,
    Il faut en armes nous tenir.
S'ils ne vsoyent de tels langages,
Leur marmite ne boulliroit
Ils ne mangeroient de potages
Si gras, car chacun cognoistroit
    La finesse & mechanceté,

Que contre nous ont complotté.
Mais pour leur conté faire rendre,
Vous qui estes de leur party,
Deuez l'vn apres l'autre prendre
En leur disant ça mon amy
  Partageons vn peu ces deniers,
  Qu'auez manié à milliers.
Le soldat pourra alors dire,
La plus petite part ie tiens.
Comme tu vois si tu sçais lire,
Par le vray naturel des chiens
  Car ou il y en a des gros
  Les petits n'en ont que les os.
Compagnons si nous estions sages
Entre tous nous ambrasserions
Ie dis les villes & villages,
Et tretous ensemble boyrions
  Comme voysins & bons amis,
  Demeurerions tous bien vnis.
Celuy qui la chanson a faicte,
Ne vous veut pas dire son nom
Combien qu'il vous estoit en teste
Auant qu' on tirast le canon.

Il n

Il ne souhaitre que d'auoir
Moyen faire seruice au Roy.

L'amour ou les armes me feront mourir

Autre chanson, sur la prinse de Chasteau double en Dauphine, sur le chant de Sommiere.

PEnsons amis donner à Dieu la gloire,
Et tout l'hôneur de l'heureuse victoire:
Car c'est luy seul qui a terry le cœur
De l'Auuergnat, ou plustost nommé Tur,
Tur ie le dy, voyant ses faicts austeres,
Faicts inhumains, & tragiques histoires.
  Ie croy pour vray que ce tyran inique,
Ayant dans soy quelque esprit diabolique,
Estant chassé de Barbieres vn iour,
Voulut choisir plus asseuré seiour,
Pour mettre tout ce païs en grand trouble,
Entreprenant de saisir Chasteau-double,
  En soy soudain il promit de parfaire
Son entrepris, & son cœur satisfaire.
                          L   Y cm

Y employant a ce l'efprit malin,
Va confpirant de trouuer quelque engin,
Pour au deffus venir de l'entreprife
Pleine de mal, pour nous laquelle il prife.
    Rangeât fon faict il faiet baftir efchelles
Auec engin fort artificie les.
Se pouruoyant de plus rufez Soldats
D'entre les fiés moins craignâts les hazarts
Et debufcant de nuict il s'achemine
Au lieu que toft furprendre il determine.
    Rien n'oubliant ce larronneau la Prade
Au point du iour donna fon efcallade,
Si à propos qu'il ce rendit feigneur
De tout le fort & lors l'entrepreneur,
Pour eftre craint quelques Soldats il tue
Voyant chacun au milieu de la rue.
    Et pour foudain auitailler la place
L'efpee au poing chacun de mort menaffe,
Lon obeyr, chacun charrie au fort
Tout ce qu'on a pour euiter la mort.
Ble vin & chair, & farine & froumage
Chacun fon bien met leans en oftage.
    Brauans ainfi larrecins pillerie

Tenant

Tenant ce fort, exerçant vollerie,
Aux enuirons il fait sentir les maux,
Que presque sont aux enfers faits egaux:
L'vn fait mourir par rage de famine,
L'autre par fer l'autre par feu il mine.
  Or l'Eternel voyant vn tel desordre
Piteux de nous, y voulut mettre ordre:
Et anima les Allobroges tous,
Et vn desdain enflamma leur courroux,
Ne voulant pius supporter la malice
De ce meschant nourrissier de tout vice.
  Commencement print à la Guilhotiere,
Du dauphiné le bort & la lisiere,
Et finissant iusques à l'autre bout:
Le tambour bat deça delà par tout:
Chacun armé veut chasser telle peste,
Qui plus luy nuit qu'vne forte tempeste,
  Hardy on voit marcher par la campagne
Les Roumanois, qui à ce rien n'espargne,
Deliberè deuant le lieu mourir,
Ou ces vouleurs bien tost faire perir,
Et foudroyer par canon ou par sappe,
Ou par assaut, & qu'vn seul n'en eschappe.

Acertené d'vne telle entreprife
Le Gouuerneur qui grandement la prife,
Y enuoya le Seigneur de Saufac,
Pour mettre tout a feu, à fang, à fac,
Qui rencontra beauregard & la roche,
Qui ia du lieu auoyent fait leur approche,
Gráde fraieur d'ans l'eftomac s'affemble
De l'Auuergnat, de froide peur il tremble,
Voyant venir le fieur de Maugeron,
Né & nourry au milieu du giron
De la vertu, qui veut fans fang efpandre
Gagner le fort fans faire aucun efclandre.
     Et quant à luy il voit l'artillerie
Ia fur le poinct à faire batterie,
Ce qui le fit foudain parlementer
preft à partir ce voulant contenter,
Que reftant vif, il quittera la place
A ioinctes mains requerant telle grace.
     N'ayant efgard à tous ces malefices,
Exortions par loy & fes complices:
Le tout luy eft à ce coup pardonné,
Et de fortir le congé eft donné,
Et qu'on rendra ce qui eft en nature

Aqui

A qui il eſt par raiſon & doctrine.

On voit entrer au Chaſteau les oſtages,
Chacun ioyeux, ſçachant les brigandages
Finir bien toſt, chacun à iointes mains
Va merciant le Sauueur des humains,
De ce qu'il a par ſa diuine grace,
Sans coup frapper fait relaxer la place.

Beniſſons tous Dauphinois la iournee,
Et le ſeigneur qui telle l'a donnee,
Que ſans aucun de nous faire mourir,
A tel beſoing a voulu ſecourir.
Nous ſes enfans. Sus donques l'eſperance
Noſtre à luy ſoit, ayant en luy fiance.

Leuons au ciel nos voix tous de courage,
Remerciant l'ineſperé ouurage
De cil qui a d'vn rien formé le tout,
Et lequel peut boloeuerſer vn bout,
Et l'autre auſſi de ce bas territoire.
Sus donc qu'à luy ſoit donné toute gloire.

Et ce faiſant, oubliant la cholere,
Qui eſt en nous, nous le trouuerons pere,
Pere bening, pere courtois & doux,
Qui retirer veut ſes enfans treſtous

Chanſons

La haut au ciel en la gloire parfaitte.
En ce verſet ma chanſon eſt complette.
Mourir pour viure.
Le Noble.

Chanſon nouuelle plaiſante & recreatiue,
Sur le chant, Sauez vous ce
que ie deſire.

VOus ne voyez ce que i'endure
Pour vous aymer loyaument,
Et ſouffrez touſiours que ie pleure,
Sans point alleger mon torment.
Mon cœur rauy de voſtre veuë,
M'eſclaua ſous les loix d'amours,
Eſtant bleſſé à l'impourueuë
Par voz beaux yeux ſource du iour:
Eſclairant à l'amant fidelle,
Soleil de la vie & vigueur:
Par-ce ne ſoyez plus cruelle,
Mais allegez ma grand langueur.
Vous ne voyez.
Vn amant eſt touſiours ſansceſſe

Apre

Apres ſa beauté pourſuyuant:
A fin de ſeruir ſa maiſtreſſe,
Pour la voir du tout ayſément:
Mais ie ne puis guerir ma flamme,
Ny rafraiſchir aucunement,
Sinon les douceurs de ma-dame,
Procedant d'elle mon torment.
      Vous ne voyez.
    Le grand treſor qu'eſt en mon ame,
Et dans mon cabinet enclos,
Cen'eſt finance qui m'enflamme,
Ny que empeſche mon repos:
Car la douceur de ſon œillade,
Et de ſes beaux diuins propos,
Me ſert plus en ioye & en garde,
Que tous les biens qui ſont declos.
      Vous ne voyez.
    Pour comparaiſon de ſa grace,
Et vouloir ſes vertus nombrer,
On eſtime du tout Orace,
Par les ſageſſes eſprouuer:
Mais il n'y a homme ſur terre,
Qui les peuſt iamais racconter,

Elle eſt comme Paris en guerre,
Qu'on ne trouue point ſon pareil,
Vous ne voyez.
Ie meſbais ſi les hommes
Prenant d'elle leur paſſion,
Tant par ſes ieux, que par paroles,
Sont enclins à ſa deuotion:
Veu que les dieux, comme ie pence
Voudroient deſcendre des cieux,
Pour luy faire la reuerence,
Voyant qu'ils ſeroient beaucoup mieux,
Vous ne voyez.
Brief, il n'y a homme qui viue
En tout ce monde ſi conſtant,
Que lors qu'il voit qu'elle arriue
Ne ſoit eſtonné à l'inſtant:
La voyant du tout ſi parfaite,
De mille amours que va ſemant,
Bien heureux celuy qu'elle arreſte,
Le recevant pour ſon amant.

Chanson nouuelle, de la demande d'vn
seruiteur à sa maistresse, sur le
chant, Tout rit par les mon-
taignes, &c.

MA maistresse si belle,
Ie vous suis si fidelle,
Vous aymant de bon cœur
Ie vous suis seruiteur.

    Tant que seray sur terre
Vos yeux me feront guerre:
Et iusques au cercueul
Leur seray seruiteur,

    Amour & sa nature
Ne veut que soyez dure:
Mais auecque douceur
Voir vostre seruiieur.

    Par ses chaudes flammeches,
Ll m'a tiré ses fleches:
Et m'a nauré mon cœur,
Me rendant seruiteur.

    Donc soyez asseuree
Que vous estes aymee:

L 5   Seruie

Seruie en tout honneur
Par voftre feruiteur.

Ma-dame ie vous prie
Que n'en foyez marrie :
Mais durant voftre fleur
Aymez vn feruiteur.

Lors que ferez fletrie,
Ne ferez plus m'amie,
N'ayant plus de vigueur
Pour voftre feruiteur.

Refponfe de la maiftreffe au feruiteur.

MOn feruiteur fidele,
Si m'aymez d'vn bon zele,
Sans afpirer autre heur,
Tu feras mon vainqueur.

Si mes yeux te font guerre,
Et dans mes liens t'enferre :
Ceffant toute rigueur,
Tu feras mon vainqueur.

Puis que tu fens les breches,
Qu'au cœur t'ont fait mes fleches :

Voyant

Voyant ta grand langeur,
Tu seras mon vainqueur.
　Quelque-fois, de nature,
L'amitié est fort dure :
Mais prenant son ardeur,
Tu seras mon vainqueur.
　Amy croy & t'asseure,
Que ie plains que tu endure :
Et sans grande longueur,
Tu seras mon vainqueur.

F I N.

TABLE

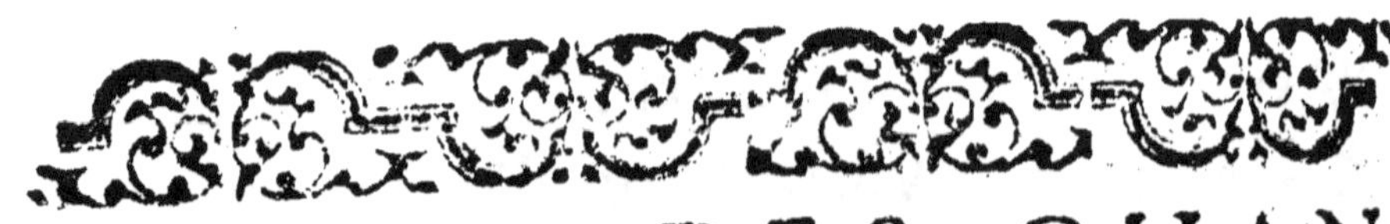

TABLE DES CHAN-

SONS CONTENVES
en ce present liure.

✶ ✶
✶

Hela

F I N.